MEDIUNIDADE MULTIDIMENSIONAL

por Esther Dahan

MEDIUNIDADE MULTIDIMENSIONAL

Aliança

DEDICATÓRIA

Dedicado ao meu Instrutor, o "Comandante" Edgard Armond

MEUS SINCEROS AGRADECIMENTOS

A Teresa Sampaio, Maria Aparecida Arevalo, Edgar S. Nunes, Antônio F. de Paiva, Danilo Pires, pela dedicação;

os médiuns: Lúcia B. Kuse, Antônio Paiva, Maria Luiza dos S. Fagundes, Sheila G. Garcéa, Isabel C. dos Santos, Pablo E. Valles, meus companheiros de caminhada espiritual;

ao Grupo da Federação Espirita de Buenos Aires (ano 1965), Beba, Célia, Flora e Nelly pelos aprendizados;

e a Camila Fonseca por me ajudar a dar forma aos meus livros.

1ª edição, Junho/2022, 1.000 exemplares

Título
Mediunidade Multidimensional

Autora
Esther Dahan

Revisão
Antônio Paiva

Diagramação
Sônia Silva

Capa / Ilustração
Camila Fonseca/ Miguel Ferreira Fonseca

Impressão
Graphium Gráfica e Editora Ltda.

Ficha Catalográfica

Dados Internacionais de Catalogação na Publicação (CIP)
— Câmara Brasileira do Livro | SP | Brasil —

Dahan, Esther
Mediunidade Multidimensional / Esther Dahan;
São Paulo : Editora Aliança, 2022.

ISBN: 978-65-990196-9-2 / 224 páginas

1. Doutrina espírita 2. Espiritismo 3. Mediunidade
I. Título.

22-110571 CDD-133.91

Índice para catálogo sistemático:

1. Mediunidade : Espiritismo 133.91

Aline Graziele Benitez - Bibliotecária - CRB-1/3129

Editora Aliança
Rua Major Diogo, 511 - Bela Vista - São Paulo - SP
CEP 01324-001 | Tel.:(11) 2105-2600
www.editoraalianca.com.br|editora@editoraalianca.com.br

SUMÁRIO

PARTE I

UM POUCO DE HISTÓRIA

UM POUCO DE HISTÓRIA

Conheci o "Comandante" Edgard Armond na Federação Espírita do Estado de São Paulo em 1955, exercendo a função de Secretário-Geral. Uma pessoa extraordinária, capaz de ser simples, sereno nas suas atitudes e forte no amor a Jesus e ao trabalho como ser discípulo. Olhando os livros que estavam à venda na livraria da Federação, me chamou à atenção o título "Iniciação Espírita", perguntei à dona Mariquinha, responsável pelo setor, que tipo de livro era aquele. E sabendo da resposta, me matriculei na 4ª turma da Escola de Aprendizes do Evangelho. Fomos 125 servidores dessa turma que ingressaram na Fraternidade dos Discípulos de Jesus em 1960.

Tivemos aulas com o próprio Comandante Armond como expositor além de outros grandes estudiosos dessa época, como Luiz Monteiro de Barros, Aracy de Almeida, Pietro Ubaldi, Jordão da Silva, Hercílio Maes e tantos outros que constam nos livros de Iniciação Espírita nesse período.

O Comandante nos preparava para os trabalhos da casa e foi assim o começo da Triagem Mediúnica que resultou em futuros trabalhadores. Tempos depois, outros discípulos se ocuparam dessa tarefa. Participei dessa preparação de trabalhadores por alguns anos. O começo do meu trabalho na casa foram os cursos de mediunidade: Elementar, Complementar e Aprimoramento. As turmas eram de 300 alunos ou mais. A triagem não admitia mais de 100 alunos.

Em 1964, em São Paulo, em trabalho mediúnico, um médium recebeu o Mentor Ramaiana que informou que eu iria falar em público em Buenos Aires. Também disse que iriam bater a minha porta. E foi assim que, no dia seguinte da minha chegada lá, alguém bateu à porta, me convidando para falar no Centro Providencia, de Buenos Aires. Foi o começo de uma longa caminhada e do início da Escola de Evangelho naquele país.

Depois disso, recebi convite para falar em Mar Del Plata, em 1965. Três centros aceitaram minhas orientações e trabalharam, cada um fazendo os tratamentos padronizados e também as palestras.

Por orientação do Comandante, unimos os três centros: Amália Domingo Soler, Pancho Sierra e Allan Kardec para a Escola de Evangelho e juntos chegaram a Discípulos poucos anos depois.

Fui chamada às cidades de Lobería e La Plata para ensinar os trabalhos espirituais da Federação. Entreguei livros das escolas, gratuitamente, como material de ensino. "Passes e Radiações", e da "Escola de Evangelho". Mais tarde, com autorização do Comandante, editamos os livros em castelhano. O Centro de La Plata cresceu e fundamos a Federação Espírita de Buenos Aires. Formaram-se várias turmas da Escola de Médiuns, de Evangelho e muitos trabalharam em todos os tratamentos Pasteur.

No começo de 1967, sonhei com o Comandante, ele disse que havia mais trabalho para realizar. Ele tinha recebido uma carta do Centro Hacia la Verdad de Montevideo, Uruguai. Nela o presidente solicitava orientações para o trabalho espiritual. Então, ensinei os trabalhos Pasteur, os passes, Escola de Médiuns e de Evangelho.

Nesses anos, sempre com o consentimento do Comandante Armond, cuidei dos problemas e até dos conflitos dos centros, dando atenção e orientações. Me permitiu fazer consultas espirituais para pessoas doentes e orientei, presencialmente, em suas dificuldades, ajudando assim espiritualmente seus dirigentes e alunos daquelas cidades.

Pelo menos uma vez por ano visitei todos eles, também vieram muitos pessoalmente ver os trabalhos da Federação. Os que escreviam sempre tiveram respostas e mensagens de incentivo.

Em 1972, fundamos o centro Colônia Espírita Alvorada, em São Paulo, Capital. Com o trabalho na Argentina, Uruguai e São Paulo, eu exerci a função de vice-diretora de trabalhos externos da Federação. Do meu trabalho, foram incluídos oito novos centros.

Anos depois entreguei meu trabalho do exterior ao Diretor-Geral da Aliança Espírita Evangélica. Essa fundação começou com vários centros sob orientação do Comandante, em 1973.

UMA NOVA EXPERIÊNCIA

No ano de 1975, visitei o Comandante em sua casa para mais uma vez comentar nosso trabalho da Alvorada. Soube por sua sobrinha, Carmen Diva Martins, que no seu lar estavam realizando reuniões mediúnicas de excursão a outros planetas; contei a ele então as nossas viagens e tratamentos realizados nesses orbes. Ele me disse que havia conversado com o Venerável. Bezerra de Menezes, através da mediunidade da sua filha Miriam, e que o Venerável Mentor lhe disse: "ainda não é possível, é necessário melhorar a reforma íntima dos médiuns". Em seguida, perguntei se podia ou não continuar com os nossos tratamentos realizados na Alvorada, ele respondeu: "Podem sim, vocês estão 50 anos adiantados a esta época, fiquem lá, em silêncio, fazendo os trabalhos".

Questionei o por quê de não escrever essas experiências num livro orientador. Confidenciou-me que havia livros parados sem imprimir porque o estavam tachando de esotérico, mas acrescentou que alguém no futuro iria escrever sobre o que estávamos falando.

Passaram-se 45 anos. Nosso centro Alvorada tem continuado seu trabalho. E embora eu esteja com quase 90 anos, me disponho a realizar a Triagem com médiuns preparados nos Centros que me convidarem para realizar o que o Comandante na época dele quis fazer, mas não foi possível.

Que a paz do Mestre continue entre nós.

No minuto 43:15 do video "38 anos de desencarne de Edgard Armond" do Canal Aliança gravado em 30/11/2020 (https://www.youtube.com/watch?v=fV5lhc4Yrcg) onde Eduardo Miyashiro, Edelson Junior e Luiz Carlos Amaro relembram o legado do Comandante, é mencionada a minha participação na disseminação da Escola de Aprendizes do Evangelho na Argentina e no Uruguai.

Alguns Documentos e cartas trocadas entre o Comandate e eu.

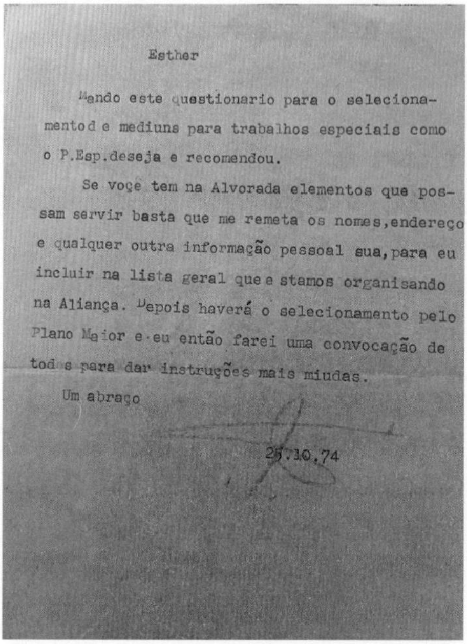

Esther

Mando este questionario para o selecionamento de mediuns para trabalhos especiais como o P.Esp.deseja e recomendou.

Se voçe tem na Alvorada elementos que possam servir basta que me remeta os nomes,endereço e qualquer outra informação pessoal sua,para eu incluir na lista geral que estamos organisando na Aliança. Depois haverá o selecionamento pelo Plano Maior e eu então farei uma convocação de todos para dar instruções mais miudas.

Um abraço

25.10.74

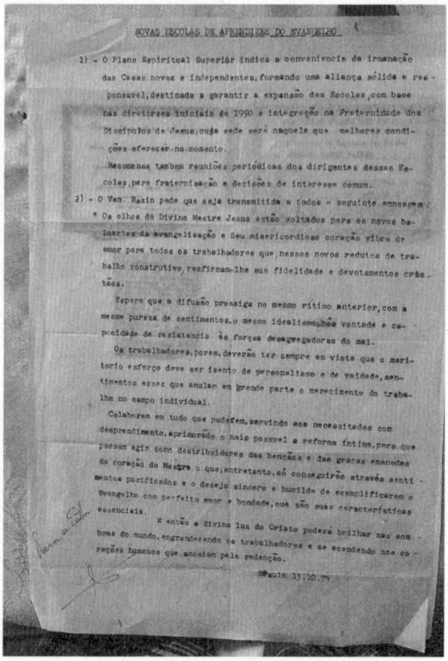

NOVAS ESCOLAS DE APRENDIZES DO EVANGELHO

1) - O Plano Espiritual Superiór indica a conveniencia de irmanação das Casas novas e independentes,formando uma aliança sólida e responsavel,destinada a garantir a expansão das Escolas,com base nas diretirzes iniciais de 1950 e integração na Fraternidade dos Discipulos de Jesus,cuja sede será naquele que melhores condições oferecer no momento.

Recomenda tambem reuniões periódicas dos dirigentes dessas Escolas,para fraternisação e decisões de interesse comum.

2) - O Ven. Razin pede que seja transmitida a todos a seguinte mensagem:

" Os olhos do Divino Mestre Jesus estão voltados para os novos baluartes da evangelisação e Seu misericordioso coração vibra de amor para todos os trabalhadores que,nesses novos redutos de trabalho construtivo,reafirmam-lhe sua fidelidade e devotamentos crístãos.

Espera que a difusão prossiga no mesmo ritimo anterior,com a mesma pureza de sentimentos,o mesmo idealismo,bôa vontade e capacidade de resistencia às forças desagregadoras do mal.

Os trabalhadores,porem,deverão ter sempre em vista que o meritorio esforço deve ser isento de personalismo e de vaidade,sentimentos esses que anulam em grande parte o merecimento do trabalho no campo individual.

Colaborem em tudo que puderem,servindo aos necessitados com desprendimento,aprimorãdo o mais posavel a reforma intima,para que possam agir como destribuidores das bençãos e das graças emanadas do coração do Mestre o que,entretanto,só conseguirão através sentimentos purificados e o desejo sincero e humilde de exemplificarem o Evangelho com perfeito amor e bondade,que são suas características essenciais.

E então a divina luz do Cristo poderá brilhar nas sombras do mundo,engrandecendo os trabalhadores e se acendendo nos corações humanos que anceiam pela redenção.

S.Paulo 13.10.73

Para a Esther

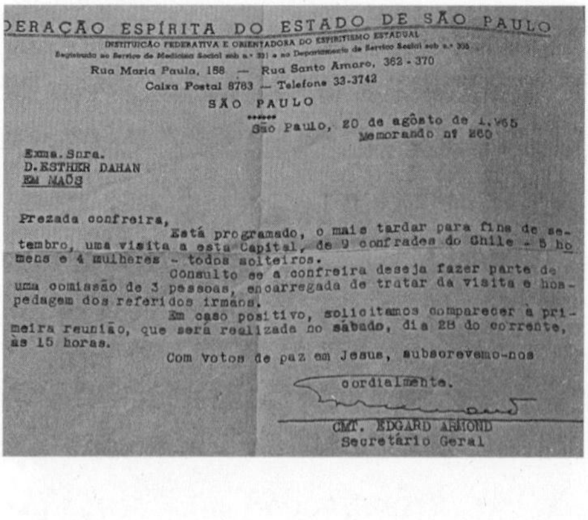

DERAÇÃO ESPÍRITA DO ESTADO DE SÃO PAULO
INSTITUIÇÃO FEDERATIVA E ORIENTADORA DO ESPIRITISMO ESTADUAL
Registrado no Serviço de Medicina Social sob n.º 321 e no Departamento de Serviço Social sob n.º 335
Rua Maria Paula, 158 — Rua Santo Amaro, 362 - 370
Caixa Postal 8763 — Telefone 33-3742
SÃO PAULO

São Paulo, 20 de agôsto de 1.965
Memorando nº 260

Exma.Snra.
D.ESTHER DAHAN
EM MÃOS

Prezada confreira,

Está programado, o mais tardar para fins de setembro, uma visita a esta Capital, de 9 confrades do Chile - 5 homens e 4 mulheres - todos solteiros.

Consulto se a confreira deseja fazer parte de uma comissão de 3 pessoas, encarregada de tratar da visita e hospedagem dos referidos irmãos.

Em caso positivo, solicitamos comparecer à primeira reunião, que será realizada no sábado, dia 28 do corrente, às 15 horas.

Com votos de paz em Jesus, subscrevemo-nos cordialmente.

CMT. EDGARD ARMOND
Secretário Geral

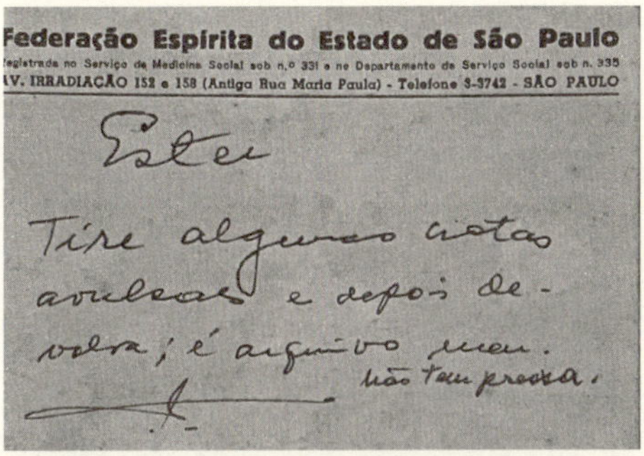

Federação Espírita do Estado de São Paulo
Registrada no Serviço de Medicina Social sob n.º 331 e no Departamento de Serviço Social sob n. 335
AV. IRRADIAÇÃO 152 e 158 (Antiga Rua Maria Paula) - Telefone 3-3742 - SÃO PAULO

Ester
Tire algumas cópias avulsas e depois devolva; é arquivo meu.
não tem pressa.

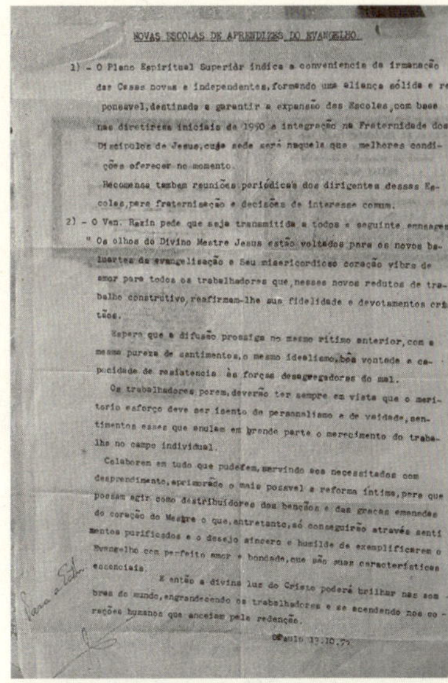

NOVAS ESCOLAS DE APRENDIZES DO EVANGELHO.

1) - O Plano Espiritual Superiôr indica a conveniencia da irmanação das Casas novas e independentes, formando uma aliança sólida e responsavel, destinada a garantir a expansão das Escolas, com base nas diretrizes iniciais de 1950 e integração na Fraternidade dos Discipulos de Jesus, cuja sede será naquela que melhores condições oferecer no momento.

Recomenda tambem reuniões periódicas dos dirigentes dessas Escolas, para fraternisação e decisões de interesse comum.

2) - O Ven. Razin pede que seja transmitida a todos a seguinte mensagem:

" Os olhos do Divino Mestre Jesus estão voltados para os novos baluartes da evangelisação e Seu misericordioso coração vibra de amor para todos os trabalhadores que, nesses novos redutos de trabalho construtivo, reafirmam-lhe sua fidelidade e devotamentos cristãos.

Espera que a difusão prossiga no mesmo ritimo anterior, com a mesma pureza de sentimentos, o mesmo idealismo, boa vontade e capacidade de resistencia às forças desagregadoras do mal.

Os trabalhadores porem, deverão ter sempre em vista que o meritorio esforço deve ser isento de personalismo e de vaidade, sentimentos esses que anulam em grande parte o merecimento do trabalho no campo individual.

Colaborem em tudo que puderem, servindo aos necessitados com desprendimento, aprimorando o mais possivel a reforma intima, para que possam agir como destribuidores das bençãos e das graças emanadas do coração do Mestre o que, entretanto, só conseguirão através sentimentos purificados e o desejo sincero e humilde de exemplificarem o Evangelho com perfeito amor e bondade, que são suas caracteristicas essenciais.

E então a divina luz do Cristo poderá brilhar nas sombras do mundo, engrandecendo os trabalhadores e se acendendo nos corações humanos que anceiam pela redenção.

S. Paulo 13.10.7

Para a Esther

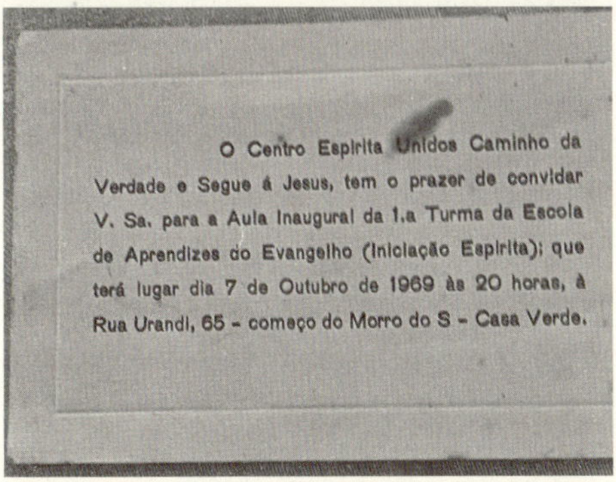

O Centro Espirita Unidos Caminho da Verdade e Segue á Jesus, tem o prazer de convidar V. Sa. para a Aula Inaugural da 1.a Turma da Escola de Aprendizes do Evangelho (Iniciação Espirita); que terá lugar dia 7 de Outubro de 1969 às 20 horas, à Rua Urandi, 65 - começo do Morro do S - Casa Verde.

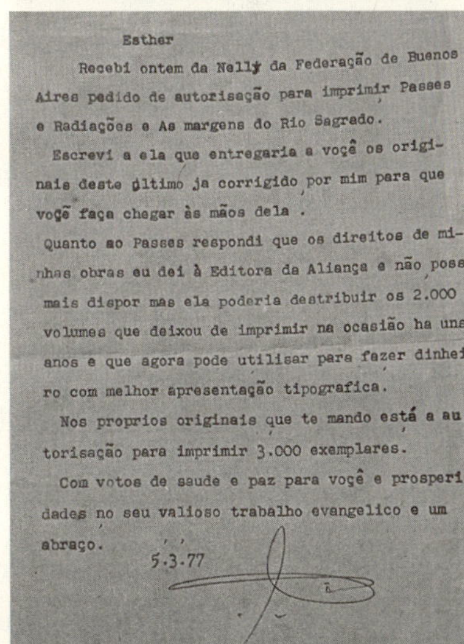

Esther

Recebi ontem da Nelly da Federação de Buenos Aires pedido de autorisação para imprimir Passes e Radiações e As margens do Rio Sagrado.

Escrevi a ela que entregaria a você os originais deste último ja corrigido por mim para que você faça chegar às mãos dela.

Quanto ao Passes respondi que os direitos de minhas obras eu dei à Editora da Aliança e não posso mais dispor mas ela poderia destribuir os 2.000 volumes que deixou de imprimir na ocasião ha uns anos e que agora pode utilisar para fazer dinheiro com melhor apresentação tipografica.

Nos proprios originais que te mando está a autorisação para imprimir 3.000 exemplares.

Com votos de saude e paz para você e prosperidades no seu valioso trabalho evangelico e um abraço.

5.3.77

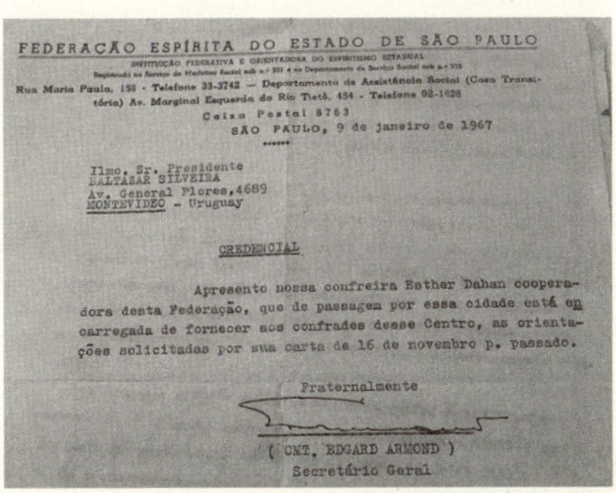

FEDERAÇÃO ESPÍRITA DO ESTADO DE SÃO PAULO
INSTITUIÇÃO FEDERATIVA E ORIENTADORA DO ESPIRITISMO ESTADUAL
Registrada no Serviço de Medicina Social sob n.º 331 e no Departamento de Serviço Social sob n.º 335
Rua Maria Paula, 158 - Telefone 33-3742 — Departamento de Assistência Social (Casa Transitória) Av. Marginal Esquerda do Rio Tietê, 454 - Telefone 92-1626
Caixa Postal 8763

SÃO PAULO, 9 de janeiro de 1967

Ilmo. Sr. Presidente
BALTAZAR SILVEIRA
Av. General Flores, 4689
MONTEVIDEO - Uruguay

CREDENCIAL

Apresento nossa confreira Esther Dahan cooperadora desta Federação, que de passagem por essa cidade está encarregada de fornecer aos confrades desse Centro, as orientações solicitadas por sua carta de 16 de novembro p. passado.

Fraternalmente

(CMT. EDGARD ARMOND)
Secretário Geral

VÁLIDA COMO CREDENCIAL DA F.E.E.S.P.
FEDERAÇÃO ESPÍRITA DO ESTADO DE SÃO PAULO
Departamento de Expansão das Escolas
NOME ESTHER DAHAN VALLES
CARGO SUB-DIRETORA DO DE
DATA 1 de agosto de 197
Aparecida Jaibal
DIRETOR DO D.E.E.

Mensagem do Cte. Edgard Armond para a inauguração da Escola de Aprendizes do Evangelho do C. E. Perseverança, Buenos Aires.

Março de 1974

Caros Aprendizes,

Vemos como florescem as árvores da espiritualidade, quando as sementes são plantadas com amor, humildade, idealismo sadio e desejo de servir aos semelhantes.

Assim vão surgindo aos poucos, aqui e ali, as Escolas de Aprendizes, que trabalhadores fieis e devotados semeiam com mãos solicitas e mantém com esforços desvelados.

Assim, vemos hoje nascer esta Escola, como uma nova e promissora esperança de Jesus, nas esferas iluminadas de onde conduz e orienta esta humanidade, ainda tão retardada e donde, com bondade, abençoará seus devotados assessores, intérpretes de sua vontade junto a nós, que certamente rodearão de estímulos e de carinhosa assistência esses rebentos novos que nascem frágeis da terra ressequida, mas logo se robustecem e ganham ramagem fecunda.

Cabe a nós, como aprendizes, corresponder aos cuidados e solicitudes dos Benfeitores Espirituais, esforçando-nos com sinceridade para seguir as diretrizes evangélicas e realizar, por meio da reforma íntima, a preparação espiritual que nos levará a condição de discípulos de Jesus, ao termo dos esforços meritórios desse aprendizado.

Estes são os votos que fazemos neste dia feliz que levará, em breve tempo, ao discipulado e a testemunhação do Evangelho Redentor, que é caminho, verdade e vida, ninguém podendo atingir as esferas mais altas se não for por ele.

Edgard Armond

Mensagem do Cte. Edgard Armond para a inauguração da 1ª. Escola de Aprendizes do Evangelho na Argentina.

7 de setembro de 1974.

Prezados confrades Dirigentes do Centro Espírita "Providencia",

Atendendo ao generoso convite para compartilhar da inauguração da Escola de Aprendizes do Evangelho dessa Instituição, faço-o por esta mensagem, na qual expresso, em ligeiras palavras, meu jubilo sincero pela inspirada iniciativa, a primeira, que nos conste, tomada em vosso País e por ver como, assim, os ensinamentos do Divino Mestre Jesus, na forma pela qual são transmitidos pelo Espiritismo, caminham vitoriosamente, expandem-se por toda a parte, são aceitos, difundidos e testemunhados por servidores corajosos, fiéis e idealistas.

Todos sabemos que a humanidade deste planeta inferior, em grande maioria afastada das luzes espirituais, vive dominada pelas ilusões absorventes do mundo material e, qual se fosse uma caravana imensa, caminha cegamente para abismos tenebrosos de violência, de espanto e de dor, mais fortes que as advertências que lhe são feitas por muitos modos, as evidencias e os sinais emitidos pela própria Natureza no céu no mar e na terra. São os apelos do mundo, as atrações, as ambições que por toda a parte tentam os homens encarnados, surdos e insensíveis, que desprezam inclusive os conselhos que lhes vem do Plano Espiritual através de porta-vozes autorizados, contaminados como estão de descrença, pela impotência dos credos fantasiosos, meramente humanos, de que o mundo está cheio; deslumbrados pelo avanço espetacular da ciências materialistas, fria, impiedosa e negativista, esquecendo-se de Deus e desvairadamente se entregando as ilusões e prazeres transitórios, esquecidos dos compromissos severos e irrecorríveis a cumprir e as contas a prestar no futuro aos tribunais divinos.

Estes pobres irmãos que aceitam como única a verdadeira a vida efémera de um dia, nada cogitam das glorias da eterna vivencia do espírito imortal. Cegos que vivem nas sombras e, lastimavelmente, ignoram as luzes que lhes estão ao alcance e que jorram dos céus amplamente abertos pelo imenso amor do Cristo Redentor.

Mas nesse panorama escuro surgem luzes e claridades representadas pelos agrupamentos humanos suficientemente espiritualizados, dedicados ao Bem e instituições de benemerência, notadamente as casas espíritas, fundamentalmente integradas nas atividades evangélicas redentoras que se esforçam por difundir e exemplificar, em espírito e verdade, o cristianismo primitivo, num trabalho semelhante ao de João Batista e dos Essênios, no preparo das almas humanas para um novo advento espiritual. Se naquele tempo a esperança era a vinda do Messias, hoje é a popularização da vivencia evangélica para a conquista de uma vida espiritual mais perfeita, no próximo ciclo que se abre para a vida na Terra.

Tal foi o programa que organizamos para a Escola de Evangelho na Federação Espírita de S. Paulo que inspiradamente vos produzistes seguir em terras argentinas e estamos seguros de que se perseverardes com prudência e fé, grandes messes colhereis no seio do povo humilde e glorificada nos céus será vossa tarefa, porque abrireis sendas novas nas trevas e nelas acendereis claridades eternas.

Como sabeis inútil se torna a filiação a credos religiosos de qualquer título se não tem como decisão sincera e firme o desejo de melhorar. Os templos estão cheios de frequentadores que absolutamente não se preocupam com tal coisa e realmente não passam de frequentadores. E inútil será também frequentar casas espíritas se não se tem no coração o desejo sincero de reformar-se, evangelizar-se, transformando-se no homem novo a que Jesus se referia nas suas prédicas, eliminando vícios e defeitos morais, renovando-se, enfim, à luz dos ensinamentos redentores.

Mas também é preciso ter em vista que o conhecimento meramente intelectual nada resolve em definitivo e que somente a vivencia, a testemunhação pessoal, após cuidadosa e persistente preparação, pode assegurar o êxito; e considerar também que o discípulo não é um espírita comum que se supõe espiritualizado, porque conhece a Doutrina Espírita teoricamente e cita passagens do Evangelho com precisão e boa memória: é muito mais que isso, é o servidor idealista que se preparou humildemente para testemunhar os ensinamentos, vivendo-os na vida comum de todos os dias, dedicando-se ao bem dos semelhantes; é aquele que sabe e que serve, porque ama.

Não se pode frequentar esta Escola com a ideia frívola de receber um título, mas para dar-se ao serviço do próximo; atingir o grau de discípulo e continuar a viver como qualquer outra pessoa desinteressada da vida coletiva, do bem dos semelhantes e dos ideais de fraternidade universal, porque as responsabilidades crescem com o aumento do conhecimento.

Esta Escola, além disto, não é semelhante a todas as demais que se conhece; não fornece diplomas vistosos, mas, para os que nela entram e perseveram e lutam e vencem, há galardões mais preciosos que abrem caminhos retos para o coração do Divino Mestre e portas muito amplas para mundos mais felizes nos Planos Espirituais.

É preciso saber que para ser um bom discípulo é preciso que cada um crie em si mesmo uma mentalidade sacrificial de devotamento aos semelhantes, que se torne um escudo poderoso contra a dúvida, o temor e o desanimo.

É preciso desprendimento de coisas materiais, sem se olvidar, todavia, dos deveres comuns sociais, domésticos e de trabalho; renúncia a conforto, desprezo a ambições; tolerância e compreensão para os defeitos alheios; bondade inalterável para com todos; esforços constantes para conquistar virtudes; paciência no sofrimento, humildade nas ofensas, nas hostilidades, injustiças, perdão ou, no mínimo, tolerância para todos os agravos; e muito mais que tudo isso são os deveres dos discípulos.

O estatuto da Escola, alias, é o Sermão do Monte, que é o substrato do Evangelho, conquanto seja obvio que não se pode atingir tais perfeições num simples curso de preparação por melhor que seja, nem mesmo numa vida só encarnada, por mais operoso que seja; mas lutar pela perfeição, isso sim, se pode exigir de todos os aprendizes e discípulos.

Importante também é não esquecer que a exemplificação começa nos lares onde o aprendiz, seja qual for sua posição, passa a ser elemento de estabilidade, equilíbrio, acomodação, harmonia e esclarecimento. Por seu intermédio é que se poderá manter ali o fluxo das luzes e das bençãos celestes, das quais é ele também o polarizador responsável em grande parte.

Tudo isso é preciso dizer para que não haja ilusões, decepções e para que os que batem as portas possam fazê-lo por inteiro livre-arbítrio, plena consciência e sinceridade de propósitos.

Nesta Escola o ensino doutrinário teórico, conquanto necessário, não é preocupação de maior monta, nem exige apurações escolares em exames, porque o fundamento é a reforma moral que, esta sim, deve merecer todo empenho dos diretores, para que seja devida e rigorosamente apurada.

Para essa verificação o sistema de cadernetas pessoais pode ser considerado proveitoso, assim como outras medidas semelhantes, mas tudo isso, repetimos, será de resultados ilusórios se os aprendizes não tomarem consigo mesmos a decisão sincera e firme de melhorar, eliminando vícios e defeitos, os primeiros em tempo curto, pois que dependem unicamente da vontade pessoal e os últimos, somente após tempo mais ou menos longo, segundo o caráter moral, o devotamento, o grau de avançamento espiritual de cada um.

Milhares de irmãos nossos se perdem nos caminhos escuros do mundo, porque batem às portas dos que tem pouco para dar, no sentido construtivo, e milhões também se desviam porque se satisfazem com exterioridades rituais que os isentam, segundo pensam, de esforços e sacrifícios incômodos, havendo também, outros tantos que ainda não foram tocados pela ansiedade da espiritualização, a todos estes, pois, faltando orientação adequada e impulsos internos de mudança de vida.

Mas é certo e fora de dúvida que todos aqueles que edificam sua vida nas bases espíritas, que são as da evangelização subirão depressa os degraus que levam a mundos melhores. E os aprendizes desta escola não encontrarão dificuldades em prosseguir nos caminhos retos que escolheram porque a conduta rigorosamente evangélica não é sujeita a erros e perdas de tempo e abre janelas muito amplas para a assistência espiritual vinda do Alto.

Desde o primeiro dia serão ajudados amplamente e em todos os sentidos pelos benfeitores espirituais para que tenham completo êxito nesse meritório esforço.

E possam eles, em tempo breve, se transformar em discípulos operosos de Jesus, tornando assim sua atual encarnação plenamente benéfica e altamente proveitosa.

Estes são os votos que fazemos, olhos postos no futuro, pelo bem dessa comunidade.

Edgard Armond

Mensagem do Cte. Edgard Armond para o Centro Espírita de Mar del Plata

Agosto de 1974

Nas atividades que desenvolvemos sem repouso nesta Casa, de cérebros e corações voltados para o movimento espírita desta grande região provincial da Pátria do Evangelho, três são os setores que mais de perto nos preocupam e exigem cuidados especiais a saber: 1) O setor mediúnico, no qual orientamos os médiuns, desenvolvemos suas faculdades em escolas e cursos apropriados quem somam milhares de alunos e controlamos seu trabalho para que sejam construtivos e não se desviem da linha justa; 2) o setor das curas espirituais, no qual trabalham inúmeras equipes de servidores dedicados e médiuns especializados e que vão desde as simples consultas espirituais até as mais delicadas operações mediúnicas; 3) o setor da evangelização dos adeptos, onde preparamos, na Escola de Aprendizes do Evangelho e na Fraternidade dos Discípulos, milhares de trabalhadores destinados a levar os ensinos de Jesus a todos os lares e a todos os ambientes sociais, oferecendo-se todos eles como exemplos vivos e operantes dos ensinamentos legados pelo Divino Mestre a esta humanidade sofredora e retardada na sua evolução.

Com as atividades do primeiro setor mantemos sempre abertos os canais da revelação; com o segundo exercemos a caridade espiritual e atendemos aos sofrimentos e as necessidades do nosso próximo; e com o terceiro preparamos servidores dedicados para a propagação do Evangelho no seio do povo, carente de orientação e condução espiritual.

Estes são os setores que nos dias que correm devem de preferência ser atendidos pelas Casas Espíritas bem orientadas, tanto no país como no estrangeiro, porque correspondem as maiores e mais prementes necessidades humanas nestes momentos difíceis e decisivos da evolução planetária.

Se as Casas Espíritas cuidarem de muitas coisas mas não cuidarem destes três setores, estarão desviadas dos verdadeiros rumos e não estarão à altura das necessidades do momento histórico que vivemos.

Estas atividades, portanto, devem ser iniciadas sem vacilações e sem temores, para que as portas dos templos espíritas possam se abrir de par em par para os necessitados que as procurem e para que as palavras do Divino Mestre, através da Doutrina dos Espíritos sejam levadas a todos os corações antes que cheguem os dias terríveis do expurgo, já tão amplamente anunciado.

O Espiritismo na Argentina adquiriu caráter simplesmente intelectual e assim muito pouco poderá realizar, objetivamente, em favor dos sofredores e necessitados em geral para os quais o Evangelho se volta em primeiro lugar.

Esperamos que os centros espíritas isoladamente possam realizar plenamente a tarefa, tão retardada, do Espiritismo religioso no esclarecimento do povo, no atendimento de suas cruciantes necessidades e esperanças.

Edgard Armond

INICIAÇÕES

As religiões têm sua base nos ensinamentos deixados pelos Mestres de sabedoria que visitaram a Terra. Seus seguidores acolhem suas tendências dentro da linha evolutiva em que foram trabalhando ou estudando nas suas últimas reencarnações.

Até pouco tempo, a maioria da humanidade ainda adormecida espiritualmente acompanhou como hábito alguma religião sem questioná-la. Era tradição da família e não se questionava sobre isso. Tampouco havia abertura para esclarecimento e muitas respostas eram: "É um dos mistérios de Deus." O pecado, medo do inferno e da morte foram pautas de temor. A confissão é até hoje um alívio para os erros cometidos.

Novas energias põem em movimento uma cruzada renovadora no homem que começa a questionar antigos padrões de aceitação e não admite mais se sujeitar sem conhecer.

Grandes Seres passaram pela Terra nos deixando exemplos, vivências extraordinárias de amor e nobreza de alma. Cada um deixou sua mensagem em profunda renúncia. Sua leveza causou admiração e no âmago de todos, fica a vontade de poder segui-los. As pessoas que ficaram envolvidas pela vivência desses Seres querem saber como Eles fizeram, qual foi o poder que os impulsionou e como adquiriram essa fé, que a muitos, levou à própria morte, como Jesus, Buda, Francisco de Assis, Gandhi, e os mais recentes conhecidos como Madre Teresa de Calcutá e Irmã Dulce.

Há um despertar coletivo que move muitos a buscar respostas a seus interrogantes: A vida não pode ser somente isto que vivemos... deve haver muito mais... Começa então a busca. Esse novo caminho é a iniciação. Pode ter começado em vidas anteriores, mas com certeza será o objetivo desta encarnação e das futuras romagens. Procurar viver como Eles ensinará a conter uma força que sustenta a alma.

É difícil deixar hábitos, crenças adquiridas durante anos. Limpar a mente para deixar espaço à nova versão do que vamos seguindo e acreditando. O acúmulo de tantas afirmações irreais, ilusões e fascínio pela ambição e poder, deixaram camadas espessas de sombras difíceis de serem removidas.

Ter a consciência da escolha feita mantem a fé. Os rumores do passado podem vir sem ser escutados.

O estudo das Leis contidas nos ensinamentos, afirmam que estivemos errados e agora é tempo de mudanças. Como com argila, modelamos o que desejamos, assim começa o trabalho no mundo interno do aprendiz. O homem feito de barro precisa se tornar um ser iluminado. Viver na Terra como todos os homens e não ser parecido com nenhum, porque Deus não se repete.

Saber pelo saber, que atraímos o que necessitamos para evoluir. Que nada acontece por acaso, que o bem e o mal nos ensinam lições necessárias para a conquista de nós mesmos.

Na subida percebemos o que fomos deixando para trás, nas dificuldades sentimos como ainda carregamos fardos que no passado cobiçamos e que hoje, despertos, sabemos que somente fizeram parte da ilusão.

O aprendizado das Leis contidas no Evangelho nos possibilita realizar a Iniciação da Cruz. O conhecimento também se dá se acompanhamos Buda e a Iniciação Budista. Zoroastro tem seus seguidores, é o profeta do fogo e a Maçonaria tem também sua Iniciação. A Iniciação Espírita nos leva pelo caminho do Evangelho e a Codificação de Allan Kardec.

O criador dessa Escola, Edgard Armond, iniciou sua primeira turma em 1950. Foi inspirado por um asceta no passado secular, quando se encontraram peregrinos pelos caminhos da busca. Seu nome é Razim, venerável diretor Espiritual da Escola de Aprendizes do Evangelho.

Os Discípulos são sementeira de trabalhadores dedicados à doutrina de Kardec e do Evangelho do Mestre Jesus. São expositores, dirigentes de trabalhos espirituais, ou de Centros, médiuns divulgadores do Evangelho do Cristo e Educadores.

A Escola está organizada em três fases: a primeira é o grau de Aprendiz; desde o começo a pessoa sente se é esse seu caminho, recebe aulas esclarecedoras que vão ajudar a modelar sua vida, sente alívio e volta ao lar esclarecido e com esperanças. Aos poucos vai se propondo a mudar.

A segunda fase é o grau de Servidor, quando desperta para o trabalho redentor, assumindo alguma tarefa fora ou dentro da Escola. Vai abolindo os hábitos e vícios que prejudicam a si próprio e aos outros, como fumo, álcool, drogas. Começa a suavizar seus erros. O Servidor todas as semanas ouve falar de Reforma Íntima, ouve temas de meditação que podem despertar nele forças profundas para seu aprimoramento interno. Em cada fase ele passa por um grupo de médiuns que trazem a nota pelas conquistas alcançadas.

O último passo é o ingresso à FRATERNIDADE DOS DISCÍPULOS DE JESUS.

Difusão do Espiritismo Religioso
Órgão da
ALIANÇA ESPÍRITA EVANGÉLICA
FRATERNIDADE DOS DISCÍPULOS DE JES

ANO XI — São Paulo, dezembro de 1983

DEZ ANOS DE ALIA

Desde o inesquecível encontro travado no dia 4 de dezembro de 1973, às 20 horas, na casa do nosso querido Cmt. Armond, quando se fundou a Aliança Espírita Evangélica, o tempo escoou com grande velocidade. Hoje, transcorridos 10 anos, fazemos pequena pausa para refletirmos e delinearmos alguns pontos históricos desse empreendimento espiritual.

Foto histórica feita no dia 4 de dezembro de 1973: os companheiros que fundaram a Aliança, tendo ao centro o Com. Armond.

PARTE II
ENSINAMENTOS

PREPARAÇÃO PARA INICIAÇÃO

Iniciação é uma modificação interna profunda e a verdade que a ela conduz é diferente para cada alma. Cada um deve achar sua própria senda.

No caminho espiritual nada se obtém com facilidade. Cada passo exige árduo trabalho.

"Se quiserdes progredir, lembrai-vos sempre que o caminho interno deve ser seguido em solidão. Traçai uma linha clara de demarcação entre os dois aspectos da vossa vida. Assim, a mente consciente, a personalidade, viverá a vida diária, não parecendo diferente dos outros, não procurando mostrar-se superior e não ostentando as realizações adquiridas pelo contato com o mundo espiritual. O estudante, enquanto encarnado, deve procurar a perfeição em tudo o que faz na vida externa. Sua mente iluminando-se perceberá claramente que cada alma procura união com Deus por caminhos diferentes.

Aprendei a contar só convosco mesmo. Ninguém pode chegar a ser um mago se não desenvolver o poder da vontade e ninguém desenvolve o poder da vontade enquanto contar com apoio de outrem. Desenvolvendo a vontade, tornar-se-vos-eis mais fortes para suportar a personalidade inferior.

Quando aprenderdes a separar o vosso ser externo do interno e a controlar nossa vontade, então todos os mundos abrir-se-ão diante de vós, e começareis a ver vosso mestre e conversar com Ele."

COLOCAÇÃO DOS ALICERCES

"A colocação dos alicerces para uma vida nova necessita, naturalmente, de muita reflexão. Se colocarmos bem as bases do nosso edifício espiritual, nenhuma tempestade, nenhuma força adversa abalará e nunca nos afastaremos do nosso caminho. Muitos abandonam o caminho por críticas com relação aos companheiros de trabalho. Cada vez que em nossa mente aparece um pensamento de crítica a respeito dos semelhantes, devemos dirigir esse pensamento a nós mesmos, perguntando-nos com toda sinceridade, se não há em nós um ponto fraco, semelhante àquele que motivou a crítica.

Esse método é muito iluminativo, podendo a personalidade assim ser despojada, gradativamente, de sua fraqueza. A personalidade sendo, com o tempo, controlada, a alma então se manifestará com mais força e luz. É um progresso lento, mas constante.

A verdade, muitas vezes, nos dá a impressão de frieza e de solidão, mas se perseverarmos na sua busca, arrancando os véus que a envolvem, descobriremos que a verdade é realmente Deus.

O aspirante deve ter pureza de intenções, um desejo sincero de trabalho impessoal e de união com Deus. Sois grandes ou pequenos segundo a luz do vosso coração. Não fiqueis, porém, facilmente satisfeitos convosco mesmo, porque estareis facilmente acomodados para progredir".

ABRINDO NOVAS FRONTEIRAS

Colocamos aqui muito do que já foi escrito e que os buscadores da verdade conhecem sobre os corpos do homem, seu mecanismo e sua energia.

Nesta época todos ouviram falar de aura, astral bom, pensamento positivo e sobre a Lei de Ação e Reação, também chamada de Carma. Fora do país, o conhecimento vai se fazendo através de filmes, livros e romances. No mundo todo encontramos brasileiros empenhados no ensino do Espiritismo, na ajuda espiritual e aplicando passes em suas comunidades.

O codificador do Espiritismo, Allan Kardec, deixou escrito o maior tratado para a humanidade sobre mediunidade e a vida espiritual, em *O Livro dos Espíritos*. Francisco Cândido Xavier esclareceu nos seus livros, ditados pela Espiritualidade Maior, todos os pontos possíveis sobre a evolução do homem: seu comportamento, seu caminho ascendente, seu trabalho e sua vida são o roteiro certo, o modelo, para voltar ao Pai. Kardec e Chico Xavier escreveram sobre novas fronteiras, visitas feitas a vários planetas descrevendo detalhes e nos fascinaram com seus esclarecimentos sobre uma verdade, para nós, até então desconhecida.

Neste livro fizemos um apanhado de tudo o que pode nos impulsionar ao crescimento espiritual, a viver com alegria e dignidade, a sentir a vida com mais intensidade e proveito para nosso espírito imortal.

Trouxemos sim, uma novidade: o trabalho de médiuns alcançando planetas do Sistema Solar e outros Orbes das Constelações onde foram realizadas curas profundas beneficiando pessoas. Para ajudar na aceitação, selecionamos também relatos de experiências vividas por entidades e trechos da literatura destas grandes figuras do Espiritismo.

Sabemos da resistência em acreditar no que é novo. Temos dificuldade de enxergar o que não conhecemos, a ciência confirma isso. O homem é um explorador por natureza, os inspirados desbravaram os mares e os conquistaram. Atualmente, abre-se o espaço na Era de Aquário para novas peregrinações científicas no espaço da Terra e do Plano Maior. Essa nova energia nos impulsiona a buscar além do conhecido. Pessoas ousadas farão isso.

Em termos de mediunidade, o alcance das comunicações requer tempo disponível, a conquista de uma cúpula espiritual que vai depender somente dos elementos que trabalham e de seu dirigente. A leveza do médium, sua reforma interior e sua boa vontade, possibilitam uma grande experiência. As Entidades Superiores que abrem esse espaço maior virão quando sentirem que realmente há um trabalho sério a fazer.

"... conhecida como a Grande Fraternidade Branca compõe-se esta de Seres Ascensionados, que viveram aqui na Terra, em seus corpos físicos - assim como vós e Eu. Eles, porém, conheciam as leis da Vida e assim foi-lhes possível trabalhar em esferas mais elevadas. Renunciaram a servir nas esferas da beleza e da perfeição e tornaram-se "Prisioneiros do Amor" para poderem auxiliar a humanidade lutadora - quando os homens dirigissem seus pedidos a Eles, pois a Lei Cósmica não lhes permitia infringirem a lei do livre-arbítrio dos humanos..." do livro Haja Luz.

FRATERNIDADES

"As Fraternidades do Espaço são agrupamentos de Espíritos que têm a finalidade de auxiliar os encarnados. O Comandante Edgard Armond, quando membro da Federação Espírita do Estado de São Paulo - década de1940 - fez diversos estudos e pesquisas a respeito. Ele anotava o nome da Fraternidade, o seu dirigente, a sua finalidade e o número de Espíritos a ela ligados."

Do livro "O Instituto de Confraternização Universal, e as Fraternidades do Espaço", de Martha Gallego Thomaz (edições FEESP - Federação Espírita do Estado de São Paulo) - Coordenação de Estudos C.E. Raios de Sol (2006)

Fraternidade:	TREVO (F. D. J.)
Venerável:	Razim
Membros:	2.000 - 200 (desencarnados)
Sede:	Sobre a Federação
Setor de trabalho:	Desenvolvimento da mente e auxílio aos necessitados

Fraternidade:	CRUZADOS
Venerável:	Ricardo p/Ismael
Membros:	8.000
Sede:	Sobre a Federação
Setor:	Proteção da Federação, dos lares e dos trabalhadores no campo mediúnico

Fraternidade:	IRMÃOS HUMILDES
Venerável:	Venerável Bezerra de Menezes
Membros:	32
Sede:	Federação
Setor:	Corrente médica- investigações e Científicas para curas físicas.

Fraternidade:	ESSÊNIOS
Venerável:	Hilarión do Monte Nebo
Membros:	500

Sede: Monte Nebo
Setor: Esclarecimento Evangélico – Curas

Fraternidade: ROSA MÍSTICA DE NAZARETH
Venerável: Celina
Membros: 300
Sede: Esfera Superior
Setor: Suicidas – Casos Dolorosos

Fraternidade: CÁLICE
Venerável: Maria de Magdala
Membros: 500
Sede: Esfera Superior
Setor: Obsessões e Curas

Fraternidade: SANTO SEPULCRO
Venerável: Ricardo, Coração de leão
Membros: 12
Sede: Federação
Setor: Estado Maior da Fraternidade dos Cruzados

Fraternidade: EGITO
Venerável: Sêmulo
Membros: 3.000
Sede: Pirâmide de Quéops
Setor: Desenvolvimento Mediúnico

Fraternidade: FILHOS DO DESERTO
Venerável: Swam Hia
Membros: 1.500
Sede: Egito
Setor: Casos de extrema angústia e Obsessões.

Fraternidade: CRUZ E TRIÂNGULO
Venerável Ramatis
Membro: 700
Sede: Índia
Setor: Faculdades Psíquicas

Fraternidade:	ÍNDIOS Nº 1
Venerável:	Itaporã
Membros:	8.000
Sede:	Sobre a Federação
Setor:	Vigilância e Proteção

Fraternidade:	ÍNDIOS Nº 2
Venerável:	Brogotá
Membros:	3.500
Sede:	Sobre Federação
Setor:	Vigilância e proteção aos trabalhadores

Fraternidade:	INDÚ
Venerável:	Mahatma Gandhi
Membros:	96
Sede:	Nova Delhi – Índia
Setor:	Auxilio a perturbações espirituais.

Fraternidade:	INDÚ
Venerável:	Crisna-Lang
Membros:	4.500
Sede:	Pirâmides de Egito
Setor:	Aprimoramento moral e psíquico dos Aprendizes

Fraternidade:	DA CHINA
Venerável:	Ling Fo
Membros:	550
Sede:	Gruta Pr. Fong Giang
Setor:	Cultural e assistencial

Fraternidade:	TIBET
Venerável:	Chang Fo Lai (ex Dalai Lama)
Membros:	2.000
Sede:	Himalaia
Setor:	Salvação no umbral e nas trevas

Fraternidade:	ESPERANÇA
Venerável:	Frei Luiz
Membros:	340
Sede:	Nosso Lar
Setor:	Salvação nas trevas

Fraternidade:	SAMARITANOS
Venerável:	Frei Jorge
Membros:	100
Sede:	Nosso Lar
Setor:	Salvação no umbral

Fraternidade:	MÉXICO
Venerável:	Frei Rogério de Luna
Membros:	250 - 50 (encarnados)
Sede:	Templo mexicano
Setor:	Preces e meditações

Fraternidade:	AMERICANOS DO NORTE
Venerável:	?
Membros:	32
Sede:	U.S.A.
Setor:	Introduzir espiritismo evangélico nos Estados Unidos

1º RAIO - AZUL - MESTRE EL MORYA - ARCANJO MIGUEL

O Mestre El Morya é o diretor do primeiro raio, o raio azul do poder e encerra em Si um pensamento divino do Mestre e do Espírito do Pai, e transmite-o aos seus colaboradores.

Ele é a força motriz; o movimento e guia das novas ideias. Essas inovações em princípio são rejeitadas pela massa humana. Muitas pessoas até aceitam as novas ideias e o novo modo de vida, mas se mantêm na retaguarda até que estejam bem divulgadas. A opção de novas doutrinas exige que as pessoas sejam fortes, corajosas e decididas a manter suas convicções, apesar da resistência e menosprezo de seus semelhantes. Os integrantes do primeiro raio possuem essas qualidades.

O Mestre El Morya é o grande responsável pela orientação e desenvolvimento do povo asiático, tendo ao mesmo tempo a retribuição de fiscalizar os governos de todos os países. Ele, embora seja detentor de todo poder, é magnânimo, digo, é austero e reflete essas qualidades. Ele deseja auxiliar o Mestre Saint Germain na tarefa de estabelecer a liberdade na Terra.

Dessa época remota, a grande Fraternidade Branca, que une todos os mestres e raios, juntos, em um mês do ano, no Santuário de um dos Mestres, reúnem-se para atrair certos atributos divinos e irradiá-los no intuito de auxiliar os seres humanos.

Quando há aqui na Terra uma pessoa ciente da finalidade desses encontros, então o efeito benéfico da irradiação sobre a humanidade pode ser ilimitado. Assim os discípulos podem atrair para si, de forma consciente, energias desses Templos. A Lei determina que os homens devem cooperar para a própria libertação. Assim sendo, cabe à humanidade se esforçar em primeiro lugar, para depois serem merecedores dos benefícios que os Mestres concedem.

Arcanjo Miguel é o Arcanjo da Fé, da Proteção e da Libertação do mal. Dos sete poderosos Arcanjos, Mensageiros de Deus, o Arcanjo Miguel é o Senhor dos Anjos e o mais conhecido. Os apelos infindáveis que lhe têm sido dirigidos pelos seres humanos, e as suas prontas respostas, contribuíram para que Ele se aproximasse mais da Terra.

Desde seu santuário, Ele e sua Legião continuam a proteger e servir. Depois que a humanidade começou a perder o vigor em virtude dos caprichos, teimosia e independência, que é sua herança natural, ficou privada do direito de conviver com os Anjos e Seu Guia, e de receber os Seus conselhos. Do templo etérico do Arcanjo Miguel saem, incessantemente, os auxiliares e mensageiros da proteção, misericórdia, absolvição e auxílio. O Raio do Absoluto, da fé inabalável de Deus, transpassa infindavelmente os planos: mental, sentimental, etérico e físico do planeta, bem como os reinos em evolução.

Quando o Arcanjo Miguel e sua Legião são invocados fervorosamente, esta súplica é atendida prontamente, o devido socorro é prestado para solucionar a necessidade que oprime e enfraquece. Muitas pessoas que passam pela chamada morte conservam ainda as más inclinações e os hábitos reprováveis que possuíam quando encarnados. A súplica ao Arcanjo Miguel em favor dessas almas irá libertá-las de suas cargas, de modo que no plano astral possam frequentar uma escola espiritual. Os que sabem desse ensinamento receberão ajuda considerável, se antes de adormecer dirigirem sua atenção ao Templo da Fé e da Proteção suplicando ao Arcanjo Miguel para que o proteja de toda causa e o germe do sofrimento e limitações.

2º RAIO - DOURADO - MESTRE LANTO - ARCANJO JOFIEL

Raio do doutrinador e do professor. Ele foi, em tempos passados, um grande governante da China e alcançou a luz há muitos séculos. Confiou a guarda do seu templo a seu discípulo Confúcio, que ainda o exerce. No seu imenso amor, o grande Mestre resolveu ficar aqui para ajudar a Terra, nesta época de crise.

Existem muitas coisas a dizer sobre a devoção à vida, e muitas para meditar. O Mestre Lanto trouxe para o raio dourado não apenas a sabedoria e a iluminação, características dessa esfera, mas também ajuda o homem a conseguir profunda devoção à vida, qualidade esta que nos homens ainda faz muita falta. O Mestre tanto quer ajudar intensamente aos que invocam seu auxílio, como também trazer ao homem mais bondade e outros atributos Divinos.

É com amor grandioso, desinteressado e abnegado que os grandes seres servem e sentem que Seus serviços são necessários. Esta é a maior lição do mundo, o maior conhecimento, a maior lei espiritual desse universo. Ele disse: “se o fizerdes não mais sereis infelizes e amargurados, e sim cheios de graças”.

O Mestre Kuthumi, que foi Francisco de Assis, ocupou esse cargo antes do Mestre Lanto.

Todos mergulham sua taça na fonte cósmica do conhecimento e a recebem na medida de sua capacidade. Isto é uma comunhão espiritual. E os que seguem aumentando sua taça, oferecem o conteúdo transbordante a todos aqueles que não podem chegar lá.

Arcanjo Jofiel do raio dourado, Ele é um grande instrutor dos que desejam aumentar os conhecimentos das leis sagradas de Deus e da vida. Jofiel, o Arcanjo, procurou servir como instrutor Divino no coração do universo e obteve o direito de ocupar esse cargo.

Esse raio e seus ocupantes educam os homens na área de ensino, instruindo os interessados durante a noite, enquanto o corpo físico dorme.

3º RAIO - ROSA - MESTRA ROWENA - ARCANJO SAMUEL

Amor divino, força magnética, quem dirige esse raio é conhecida como a Mestra Rowena: da delicadeza, da diplomacia e da beleza. Poder-se-ia supor que fosse idealista e amasse a vida contemplativa, entretanto, Ela é expressão prática do mundo da forma e do dinamismo, cheia de energia do Espírito Santo. O terceiro raio representa a força magnética da chama Rosa do Amor Divino, atividade que liga a ideia Divina à forma física. Realmente a essência do Amor Divino une todas as formas, e sem este amor os átomos dessas formas não permaneceriam unidos.

O primeiro raio representa a vontade de Deus, o segundo a Sabedoria Divina e o terceiro o magnetismo do Amor Divino.

Esses três raios, o azul, o dourado e o rosa, completam a atividade tríplice da eterna chama Trina, localizada em cada coração humano, e que transformam o homem em um ser divino. Nela estão contidas a vocação e a inspiração nas obras que serão estimuladas no homem, a fim de que se expressem no mundo físico segundo o Plano Divino.

Os irmãos do terceiro raio estão à disposição de todo ser humano que deseja auxílio para realizar o seu plano. As atividades levadas a efeito na área do terceiro raio são muitas, destacando-se entre elas o cargo de Espírito Santo para Nova Terra, uma vez que é através do Espírito Santo que o Plano Divino se expressa no mundo físico. Delicadeza, refinamento e diplomacia são características das pessoas do terceiro raio, incluindo países e povos. Com amor pode se obter mais resultados, são atributos positivos que nos aproximam das pessoas.

A Mestra Rowena interessa-se em estimular talento, não só os latentes como também os que estão sendo cultivados, protege os gênios e os humildes que começam sua caminhada.

O Arcanjo Samuel é o arcanjo do amor, da adoração e da dedicação. Sua infinita misericórdia estende-se a toda a humanidade. Auxilia o desenvolvimento da consciência, a fim de despertar o sentimento de gratidão e adoração a sua fonte divina. Ele é quem estimula o homem, filho de Deus, a expandir a chama Sagrada oculta no seu coração.

Toda virtude produz cor e som, qualquer sentimento de gratidão que emane do coração de um indivíduo é de cor rosada, mas se tal sentimento é origem de uma afeição humana, então possui o delicado tom de nácar. Quando os homens agradecem a Deus e os Seres Celestiais que o servem, a emoção gera a imagem de uma torre cor-de-rosa vivo, que se eleva aos céus, retornando na forma de abundante essência rosada, que significa bênçãos. A simples menção de seu nome, ao solicitar auxílio, faz com que Ele receba seus pedidos. Recomendamos a todos da Terra, que recorram ao Arcanjo Samuel nas horas de necessidade.

4º RAIO - BRANCO - MESTRE SERAPIS BEY - ARCANJO GABRIEL

A chama da pureza. Sob a proteção e direção do Mestre Serapis Bey, essa chama da Ressurreição está num templo etérico em Luxor, no Egito. Foi trazida por Ele antes que a Atlântida submergisse. As instruções ministradas pelos Mestres têm a finalidade de purificar e harmonizar o mais rápido possível, os discípulos que aspiram à elevação e à liberdade. Esse Raio é a ponte entre o reino interior da perfeição e a manifestação do Plano Divino no mundo da humanidade, também é conhecido como a Chama da Ascensão. Manter a pureza, readquirir e conservar as virtudes são os requisitos exigidos de cada pessoa que trilha o caminho do discípulo antes que possa alcançar, degrau por degrau, a vitória da liberdade e sua elevação.

As pessoas que pertencem a este Raio geralmente possuem talento artístico. São quase sempre dotados de poderes espirituais, de bastante coragem e de muita perspicácia.

Neste plano físico, significa firmar o pensamento e o sentimento no interior do homem, para que cada Centelha Divina que há no ser, possa crescer e irradiar sua potencialidade, com a qual todos nós fomos contemplados, adquirindo a pureza, ponto de chegada da evolução do homem.

O Plano Imaculado santifica tudo aquilo que é alvo da atenção e, ao mesmo tempo, transforma as aparências imperfeitas. Onde há trevas, na Terra, ele derrama luz e ensina a ver em toda parte somente o bem e a considerar o semelhante um ser divino, como deve ser realmente.

O candidato à ascensão deverá receber aprovação plena nos exames dos Sete Templos; deverá alcançar a completa abnegação da alma, coração e espírito, e sentir o desejo de cooperar, com seu trabalho, para que seja feita a vontade de Deus. Este Quarto Raio é o traço de união da consciência externa do homem com o seu Deus. Qualquer dia os solitários que trilham os caminhos da vida procurarão essa união, apesar da religião que professem e que seja alvo de sua dedicação.

Nesse raio serve o magnífico Arcanjo Gabriel, o portador das boas novas. O Arcanjo Gabriel conserva a concepção original da perfeição – O Plano Imaculado – da humanidade e está pronto a dar seu auxílio a todos que O procurarem. Uma particularidade deste Raio é edificar uma ponte entre o abismo do intelecto humano e o poder superior da Mente Divina, inerente a todo ser. Os ensinamentos religiosos dizem que o homem foi criado à imagem de Deus, entretanto, se olharmos para trás, devemos reconhecer que o homem se afastou muito da sua origem. Muitos Seres Divinos oferecem ao homem Sua assistência, se para isso forem invocados.

Sobre religião, o Arcanjo Gabriel disse: "Não é apenas o ato externo de uma cerimônia; ao contrário, ela é uma questão de vivência diária, de cada minuto, pautada por completo, bom senso, disciplina, autodomínio e reflexão; é ainda o desdobramento do amor e gratidão a Deus, que vos deu a vida e vos mantém no Universo há bilhões de anos".

5º RAIO - VERDE - MESTRE HILARION - ARCANJO RAFAEL

O atual guardião da Chama Sagrada é o Mestre Hilarion. Na época de Jesus Ele foi o apóstolo Paulo. Outros seres de luz ocuparam esse cargo antes dele, seu templo foi erigido na ilha de Creta quando saíram da Atlântida, antes de submergir. Mais tarde, este templo foi destruído por pessoas que se rebelaram contra os discípulos da pureza e harmonia. Hoje, aquele templo maravilhoso só existe no plano etérico, sobre a ilha. O belo templo da Verdade assemelha-se ao do fantástico Partenon que há muitos anos foi construído em honra da Deusa da Verdade, Palas Atena.

O Mestre Hilarion e Sua Ordem continuou a ensinar e difundir a verdade na consciência de todos os visitantes que lá comparecem em seus corpos mais sutis, enquanto à noite o corpo físico repousa.

Desde aquela época o Fogo Sagrado, está constantemente irradiando fogo para Terra, insuflando e expandindo a verdade nos pensamentos e sentimentos das pessoas.

As vestes dos membros da Fraternidade de Creta são o branco puríssimo e sobre o peito ostentam belo bordado que reproduz uma antiga lamparina. Esse símbolo significa busca constante da verdade e foi conferido à Fraternidade de Diógenes no ano 412 A.C., época em que o Mestre Hilarion participava da mesma.

Aquele que nutre o desejo de entregar a sua inteligência na descoberta da verdade de qualquer questão, a fim de promover a iluminação de seus semelhantes, torna-se usufrutuário da Chama da Verdade.

O Arcanjo Rafael do quinto raio, é o arcanjo da cura e da dedicação. Esse maravilhoso Ser dedica uma parte da sua vida ao serviço de curas, nos gloriosos templos de luz, dos templos dos planos mais elevados da perfeição Divina, onde ele vive. Seus raios salutares não somente são dirigidos às criaturas do mundo sensível como também a qualquer vida necessária dos planos psíquicos que envolvem a Terra. Diz o Arcanjo Rafael: "a chama e o raio de minhas atividades são os mesmos do nosso bem-amado Hilarion e tem uma delicada cor verde. Todos os médicos, enfermeiros, sacerdotes, irmãs de caridade, missionários, pastores protestantes, irmandades religiosas, discípulos e iniciados que espontaneamente se dispõem a servir o próximo estão particularmente sob minha proteção e meu raio".

6º RAIO - RUBI DOURADO - MESTRA NADA - ARCANJO URIEL

A administração deste Raio esteve a cargo do Mestre Jesus até primeiro de Janeiro de 1954 quando, juntamente com o Mestre Kuthumi, foi promovido a Instrutor do Mundo, assumindo então a Mestra Nada, como líder, a Chohan do 6º Raio, que representa a devoção abnegada, a cooperação humilde, o serviço prestado, a cura, o amor e a paz. Ela realizou a sua Ascensão no ano 700 A.C. e dirigiu a Chama Rosa do Amor Divino, formando nesse raio uma grande força.

O Templo Rubi da Cura está localizado no interior da Sexta Esfera. Lá são atendidos, pela alquimia divina, as orações e pedidos dirigidos pelo homem, que são recolhidos por seres iluminados e encaminhadas ao Alto. O Templo resplandece na atmosfera como o sol rosado de um amanhecer. Desde as primeiras encarnações do homem até hoje, os anjos encaminham para Deus os apelos das criaturas humanas, também louvores e agradecimentos dos corações devotos.

As radiações da Chama Rosa do Amor Divino que esses Seres recolhem, assim como na aura dos fiéis, formam uma espiral de energia, sempre crescente, que Jesus, Maria, Nada e outros Seres fazem retornar à Terra em resposta aos pedidos de auxílio, cura e paz.

Maria, a Bem-Amada, Mãe de Jesus, e Mestra Nada exercem neste Templo parte de suas diversas atividades beneficentes. O Templo Rubi da Cura existe desde os primórdios dos tempos e tem uma grande força. A Mestra Nada é também mensageira do Deus Merú, cujo Templo da Iluminação está colocado na América do Sul. As vestes dos Anjos que servem nesse Templo possuem todas as nuances do rosa, do mais delicado ao mais intenso.

O Arcanjo Uriel serve no Sexto Raio e sua função consiste em proteger e colaborar com a evolução da Terra. É o Arcanjo dos serviços prestados. Os membros de Sua corte angelical são inumeráveis e encontram-se constantemente presentes nos cárceres, hospitais, reformatórios e asilos. Onde quer que exista uma alma necessitada. A característica do Arcanjo Uriel é a paz que deve anteceder a completa cura da alma e do corpo ou a melhoria das condições pessoais, pois a paz é a verdadeira condutora dos raios da cura. Ele diz "Sempre que o nome de Deus é pronunciado em súplica, audível ou silenciosamente, apareço no mesmo instante".

7º RAIO - VIOLETA - SAINT GERMAIN - ARCANJO EZEQUIEL

Foi confiado a Saint Germain na qualidade de Mestre Ascencionado a administração do já iniciado ciclo de 2.000 anos da Era da Liberdade. Esse é seu atributo principal. Foi concedido a Ele, o privilégio e a responsabilidade de oferecer a liberdade a todas as criaturas no presente período.

A tarefa do Sétimo Raio é ensinar a humanidade a transmutar os seus erros, por meio da chama violeta da libertação, e viver uma existência regenerada, pura e cheia de felicidade. A chama violeta com seu poder é um instrumento Divino. Esse raio é a transmutação, purificação e magnetização.

Saint Germain disse: "no interior da chama que arde em vosso coração reside o poder de atrair a luz que está a vosso dispor; podeis impregná-la de boas ou más vibrações e enviá-la ao universo. Regulareis a luz pela qualidade de vosso pensamento e sentimentos, pela palavra pronunciada e por vossas atitudes". Essa luz move-se num círculo indestrutível, e é lançada fora do centro da criação em vós, para vós, para onde retorna a fim de ser libertada.

Nos planos superiores e inspirados pelo profundo amor os seres de luz se voltam para a Terra, há milênios, procurando ajudar a evolução dos seres. Sempre acompanharam a evolução da humanidade e desde o tempo da chamada "época de ouro" atuam na Terra entre os homens.

Podemos conhecer agora o plano dos arcanjos, seu trabalho, os mestres Solares e a tarefa deles com relação à humanidade. Essa grande hierarquia chamada também de Fraternidade Branca visa ajudar a despertar a consciência de todos os que buscam a verdade. Seus templos localizados em cidades espirituais são centros de irradiação intensa e outrora existiram materialmente na Terra. Eles acreditam em Deus como um Pai amoroso e sua vontade é que todos vivam felizes aqui na Terra. O plano Divino, tanto o reino Celestial como na Terra, está dividido em seções de sete raios.

O Sétimo Raio da cor violeta representa a misericórdia, a transformação e a liberdade, e era conhecido como José, pai do Mestre Jesus. As pessoas que pertencem a este raio possuem muitas aptidões e grande amor pela liberdade.

Ao Arcanjo Ezequiel foi confiada a custódia do fogo violeta, dos apelos e da transformação. A Lei anuncia que este será o período de decisão e que, na seara adormecida do coração da humanidade, a alma terá que crescer.

OS CORPOS DO HOMEM

O homem é um ser sétuplo. Cada corpo é constituído com a substância da dimensão em que ele vai atuar. Cada organização espiritualista coloca os nomes apropriados aos seus estudos dos corpos. A Fraternidade Branca dá aos 7 corpos, a cada um na sua própria dimensão, os seguintes nomes:

A PRESENÇA EU SOU;
O SANTO SER CRÍSTICO;
O CORPO CAUSAL.

Esses três corpos atuam no plano espiritual ou plano dos Mestres e são parte importante do indivíduo. Conforme evoluem, o ser poderá alcançar o Mestrado total sobre a energia vital e conquistar sua liberdade eterna.

Os outros quatro veículos necessários para a trajetória na Terra para completar sua evolução são:

O CORPO MENTAL;
O CORPO ASTRAL;
O DUPLO ETÉRICO;
O CORPO FÍSICO.

Os veículos inferiores regulam o crescimento, a morte, e novamente a vida na Terra até sua completa libertação. Em cada reencarnação são renovados esses corpos. Ao reencarnar, os novos corpos se formam a partir do núcleo fornecido pelos átomos permanentes e pela Unidade Mental.

O corpo mental nos permite pensar, analisar, refletir, discernir, deduzir e a parte mental superior tem a ver com as nossas conquistas, ideias e elevação espiritual.

O corpo astral é onde toda natureza emocional, passional do ser humano está sediada, tanto nesse corpo como nesta dimensão astral. Através dele sentimos as emoções e recebemos as experiências de cada vida como encarnados.

O duplo etérico é um corpo fluídico plástico, também chamado de corpo de energia. Nele estão situados os chacras, ou centros de força. Esse corpo se desfaz de 30 a 40 dias depois do desencarne. Ele recebe energia pelos plexos do corpo físico.

A Presença Eu Sou, feita à imagem de Deus e moldada de pura substância eletrônica, é um SER vivente e individualizado com o qual podemos nos identificar e falar. Ele escuta qualquer apelo e qualquer oração. Não reconhece nada além da perfeição Divina que se derrama sem cessar no mundo das formas. É uno com a origem do Universo e com o Grande Eu Sou (fogo da mesma chama). Os raios de luz ou de energia que fluem desse corpo eletrônico para o corpo físico são idênticos aos raios que provêm do Sol para suprir toda a Criação com luz, energia e vida.

Enquanto a consciência intelectual mantiver sua atenção focada sobre esta Fonte, a Presença do EU SOU no mundo do indivíduo não expressará outra coisa senão a perfeição. A individualizada presença "EU SOU", a natureza do serviço que toda Presença do EU SOU deve realizar, já está determinada antes de ocorrer a sua individualização.

O Santo Ser Crístico, também chamado corpo Búdico, é um cálice ou receptáculo para a réplica da Divindade entrante (o EU SOU), que se projeta (réplica) e os construtores das formas fazem os corpos conhecidos como o ANJO DA GUARDA. É um Ser inteligente e possui uma consciência pura e perfeita, cresce e expande-se cada vez mais na mesma proporção do Corpo Causal. Ele possui uma vibração mais baixa do que a Presença EU SOU, no entanto, é una com Sua atividade.

A característica especial do SANTO SER CRÍSTICO é sua natureza emocional, por isso é considerado o ZELADOR SILENCIOSO do indivíduo, O Único Filho concebido por Deus.

Quando lhe é dada a oportunidade de atuar no mundo do indivíduo, então, é como um dirigente Divino personificado, Ele toma em suas mãos as coisas materiais.

Ao processar-se o progresso do Discípulo no Caminho, a revelação do Santo Ser Crístico realizar-se-á através do próprio corpo físico.

O CORPO CAUSAL, as cores magníficas deste Corpo expressam as sete esferas da consciência que formam a aura natural do Sol do nosso sistema. Em menor grau elas mostram a energia visivelmente qualificada com a qual toda emanação de vida é dotada, quando emerge do puro estado de inocência. Todo o bem conquistado nas experiências de vidas passadas permanece acumulado nesta esfera. O Corpo Causal é destinado a manifestar-se onde quer que um discípulo apele a Ele.

PERISPÍRITO

Nas religiões do Oriente, os corpos do homem quando encarnados são chamados corpo físico, corpo astral e corpo mental.

Segundo Allan Kardec, os invólucros do homem são: o corpo físico e o perispírito que são o conjunto dos corpos astral e mental. Ao falecer do corpo físico, o chamado perispírito é o condutor do espírito que deixa a matéria, para continuar sua vida no mundo espiritual. Também temos um veículo de energias chamado duplo etérico, que podemos ver na extensão do físico a alguns centímetros. O duplo etérico, pode ser o corpo de energia, se desfaz em 30 a 40 dias após o falecimento do corpo físico. Na próxima encarnação não trazemos os mesmos corpos; eles vão se formando depois do nascimento.

Faz parte preparar e organizar o corpo físico da criança no plano espiritual, antes dela reencarnar. Suas necessidades futuras, a força vital que ela terá, a facilidade ou dificuldade de saúde e seu restabelecimento, também seu grau de inteligência, ou se virá com defeitos físicos.

Tudo é planejado com o interessado e seus mentores espirituais, que irão esclarecer dúvidas ou fazer modificações pertinentes, de acordo com os compromissos que ele vai assumir.

Espíritos esclarecidos colaboram com seus mentores espirituais, e são preparados formalmente para as futuras tarefas e sabem a ajuda e orientação que terão a cada passo. Por outro lado, os Espíritos rebeldes de acordo com as necessidades nascem à revelia da própria vontade, sem preparação, sem merecimento que lhes permita escolhas.

Espíritos que vêm à Terra provenientes do astral inferior chegam carregados do peso vibratório que foram acumulando nas vidas de transcrições, sem o arrependimento redentor. Os que buscam se elevar são ajudados pelo plano espiritual que irá abrindo seu caminho na direção da elevação. Pessoas com noções de evolução, crescimento interno e que vão trabalhando para serem melhores sutilizam seus perispíritos.

A evolução se resume na "volta do filho pródigo à casa do Pai". Esse retorno é um caminho de crescimento que precisa de paciência, persistência, humildade, e, principalmente, amor.

O CORPO CAUSAL

Os três veículos inferiores são: o corpo etérico, o astral e o corpo mental. As Leis que regulam seu crescimento, sua morte, e depois a formação de novos veículos, têm a ver com as informações de núcleos fornecidos por átomos permanentes da pessoa e pela unidade mental. Neles ficam gravadas suas experiências de cada encarnação.

É quando alcançamos o ponto de individualização que o corpo causal aparece pela primeira vez. Eles acabam proporcionando ao homem a possibilidade de completar sua evolução nos três planos inferiores. Os corpos etérico, astral e mental existem apenas durante uma encarnação humana, isto é, são igualmente mortais, como o corpo físico.

O corpo causal persiste através de toda a evolução do homem, durante muitas encarnações, sendo, portanto, de certo modo, permanente. Há um ponto em que o homem tendo completado sua evolução humana puramente normal, inicia sua evolução supranormal e perde, de fato, o corpo causal no qual viveu e evoluiu durante as épocas passadas de seu desenvolvimento, arquivando valores de sua trajetória. Assim, ao abordarmos o corpo causal do homem, já não mais estamos tratando de sua personalidade. O SER habita e usa o corpo causal, projetando, a partir de si mesmo, personalidade após personalidade, no ciclo das reencarnações.

O CORPO ASTRAL

Através do corpo astral sentimos emoções e desejos de toda espécie, é a faculdade de sentir. Também é chamado "corpo da ilusão".

Toda natureza emocional ou passional do homem é vivenciada nele. Esse é o ponto onde convergem e se chocam as vertentes de energias superiores que nos chegam da parte superior do nosso ser e os desejos egoístas que vem de interesses da parte inferior da personalidade. Como a matéria astral é mais sutil que a física, ela interpreta este corpo.

É através do corpo astral que sentimos e recebemos as lições da vida. Sem o poder do corpo mental, o astral não poderia se organizar. O corpo astral lentamente se desgasta como o corpo físico e a recomposição das energias perdidas acontece na atmosfera ambiente. O plano astral é uma condição da natureza, não uma localidade. Cada variedade de matéria astral corresponde com exatidão a matéria física que a interpreta.

De acordo com nossa evolução, nossa mente humana analisa a dor e o sofrimento; sem ela não teríamos noção de que tudo acontece pelo nosso crescimento.

O físico colhe e transmite ao corpo etérico e astral vibrações vindas do mundo exterior.

Sem a interferência do astral e do mental nenhuma ligação seria possível entre o espírito e o mundo exterior. Esse corpo contém as tendências emocionais, mentais e sentimentos do porvir adulto, assim também as noções que nortearão seus conceitos. Esse será o terreno onde serão lançadas as sementes cármicas trazidas de passadas existências.

Nossos estados de consciência são o modo de sentir o universo e sua realidade através dos diversos corpos de que dispomos.

Quando a criança nasce tem seu corpo físico, etérico e a parte superior. A criança irá formar o seu corpo astral ou emocional de acordo com o seu meio, as emoções e sentimentos que lhe foram ensinados. De acordo com o meio familiar em que vive, cultivará sentimentos nobres e devagar se habituará a construir seu veículo astral com matéria refinada do mesmo plano. Se ao contrário, cultivar pensamentos baixos, o veículo se comporá com a matéria inferior do plano astral.

Até aqui não entra a vontade da criança. É um mero material plástico que vai sendo moldado. Faz parte do seu carma esse estágio dentro do lar, depois ele passa a agir pelo seu livre-arbítrio. O campo astral é apenas uma espécie de molde, imposto pelo seu carma.

No mundo astral não se mede o tempo por relógio e sim pelas emoções. Um minuto de espera em um pronto-socorro, por exemplo, parece muito tempo; o que acontece no corpo astral repercute no cérebro. À medida que vamos aprimorando esse corpo, que se estende entre 25 a 30 cm do físico, vai se revelando um mundo novo de possibilidades.

O Ser no astral pode ocupar o mesmo espaço que o seu físico em que um e outro se estorvam os movimentos. Cada variedade de matéria física atrai a matéria astral na densidade correspondente. Cada corpo tem consciência própria. Com o corpo astral, tem o homem a capacidade de sentir e agir nesse plano à realidade astral do universo.

Segundo sua evolução e percepção. Seus corpos se desfazem até o próximo nascimento no plano terrestre, quando retoma novos corpos. As experiências ficam registradas no corpo superior, o causal. Essa é a razão do esquecimento do homem de suas vidas passadas. Depois de falecer, o corpo astral pode durar muito tempo, principalmente se a pessoa firmou mil vezes desejos inferiores que o fazem ficar no astral inferior até sua gastura. A linguagem do astral é a emoção, a linguagem do mental é o pensamento, ambos criam ou destroem conforme amem ou odeiem. Esse corpo está composto de matéria dos sete planos, possibilitando experimentar todo tipo de desejos, emoções e sentimentos possíveis, baixos ou elevados.

No homem sem desenvolvimento espiritual, seu corpo astral é vagamente delineado, mal organizado, predominam os graus mais inferiores e sua cor é escura.

Já no homem evoluído ele pode se expandir até 45 cm de cada lado do corpo físico: a matéria astral é a mais fina e equilibrada, a chamada de aura astral. Essa aura se dilata naturalmente em cada Iniciação. Sentimentos de amor intenso produzem uma aura extensa. A elevação espiritual permite nos ir sutilizando nossos corpos através das vivências. Experiências boas, místicas, religiosas, de caridade, amor, bondade fazem com que esse corpo se expanda e se refine, chegando a sentir não somente as emoções dele mesmo, como também a emoção que os outros estão sentindo; seu chacra cardíaco permite isso.

No homem evoluído o corpo astral vive uma vida ativa interessante e útil e quando bem organizado tem vida própria. Pessoas rudes, ao contrário, com passado violento, ódio, rancor, insensíveis, calculistas, déspotas, sem paixão por ninguém, mostram na aura desse corpo, manchas de cores sujas, fortes, desagradáveis, e tem vida vaga e sonolenta.

A dimensão astral é a quarta dimensão. Na medida do progresso do homem o corpo astral se parece cada vez mais como o corpo mental, pode parecer até o reflexo dele, indicando que o homem domina com a mente as suas emoções; pode estar sujeito a desejos, irritação, por exemplo, mas não cede a eles.

Os sentidos astrais são ativos em todas as partes desse corpo, assim temos a capacidade de ver e ouvir na quarta dimensão. Por exemplo, se vemos um objeto, o veremos por todos os lados e inclusive seu interior.

O corpo astral que vive em contradição constante é pesado e desagradável. Pode provocar doenças nervosas. Uma pessoa sensível pode se sentir afetada com uma aproximação desagradável. E importante ressaltar que o corpo astral age como veículo, independentemente da consciência física.

O CORPO MENTAL

A característica do mental é o pensamento e tem a ver com nosso raciocínio lógico. A alma do homem é o conjunto do seu emocional e mental. Ambos criam ou destroem. O corpo mental parece um ovoide colorido e no centro está reproduzido o corpo físico da pessoa, sua aura mental parece uma névoa fina, chamada Tela Áurica. Quando essa Tela Áurica se rompe, por excessos, violência ou drogas, perde-se a noção do equilíbrio; sem essa proteção pode o homem chegar à loucura.

A função do corpo mental é manifestar e expressar o Eu Superior como intelecto. Através dele o homem exerce suas atividades mentais e intelectuais, como o raciocínio, a imaginação, a memória e a discriminação. Se a mente, que é o instrumento do conhecimento e base de toda a atividade cessa, acaba também toda a percepção do mundo como uma realidade objetiva.

O corpo mental é dividido em mental inferior e mental superior. A habilidade de aprender reside na possibilidade de formar novos circuitos elétricos, que equivalem a novas combinações cerebrais. André Luiz nos diz que o cérebro é o dínamo que produz a energia mental. Cada partícula do cérebro físico tem sua contraparte astral e superposto o mental.

A organização do corpo mental é ainda imperfeita. Cada uma de suas partes corresponde a uma parte do cérebro físico. O ato de pensar concreto põe em vibração o corpo mental, na modalidade do espírito, na sua função como intelecto de analisar, refletir e raciocinar, da mesma forma que a matéria astral tem sua função similar para o desejo e a emoção, e a matéria mental superior responde ao espírito, atuando como intuição. Depende da evolução do homem e dos elementos que formam seu corpo mental, o seu desenvolvimento espiritual alcançado.

A mente não descansa. Funciona vinte e quatro horas por dia, sem parar. Pensamentos e sentimentos agressivos e autodestrutivos acabam acompanhando a pessoa formando capas negativas na sua aura e envolvendo o lugar onde são emitidos. As pessoas formam esse tipo de fardo energético negativo sem perceberem que são elas mesmas que o criam e terão que devolvê-lo ao plano mental purificado.

A faculdade do mental de cada um tem a ver com o grau de sensibilidade do seu cérebro, às milhões de ondas mentais do pensador aos quais pode responder. Toda força mental tem a característica do plano em que ela é gerada, quanto mais elevado ele seja, mais potente e mais persistente é a sua força.

A onda mental tem três características: a intensidade, a frequência e o alcance, e são interdependentes. O alcance da onda mental tem a ver com a força mental do emissor; sua duração e efeito dependem da clareza da imagem criada mentalmente. Elas se propagam no meio ambiente, como qualquer classe de vibrações.

Como todo espaço está carregado de matéria mental, a vibração do pensamento se desloca em ciclos de ida e volta produzindo efeitos ao emissor e aos que, em sintonia, podem recebê-los. A memória é atributo do corpo mental inferior e este se desfaz tempos depois da morte física, por isso não temos lembranças de vidas passadas.

O veículo mental se expande quando o homem vai se elevando; no homem comum seu desenvolvimento é de forma imperfeita e em muitos, não há atividade de pensamentos especiais. Os bons pensamentos fazem vibrar as partes mais finas do corpo mental pela gravidade específica e tendem a flutuar na parte superior. Pensamentos de caráter espiritual como amor, devoção, abnegação são inerentes ao corpo mental superior. Nos pensamentos que contém sentimentos vai também matéria astral. Pensamentos puros e ideias nobres dão beleza ao corpo mental. Eles vêm acompanhados por luz radiante e efeito de raios de sol.

O corpo físico é formado de três dimensões; o corpo astral pertence à quarta dimensão. E cada plano tem sete subplanos e quando o homem se eleva suas cores ficam mais vivas, mais luminosas e transparentes. Ao contrário, na descida, vão perdendo luz e beleza. A faculdade da imaginação; o poder imaginativo do homem é o reflexo do poder que criou o Universo.

As pessoas situadas pela própria sintonia na mente global, permanecem imantadas às ideias, conceitos iguais, e por estabilidade ou segurança, aderem atenção às mesmas coisas, herdeiros que somos do próprio homem. Os que cansados do ritual diário buscam aprender, crescer, sair do comum, ir mais além na sua evolução, quebrando as algemas, transcendendo, destemidos de julgamentos. São os Iniciados.

O cérebro espinhal recebe mensagens do corpo mental. O pensamento abstrato pertence ao mental superior. Esses dois corpos, inferior e superior, são independentes nos seus próprios planos. Os planos podem ser divididos em: MENTE GRUPAL, INDIVIDUAL, SUPERIOR e UNIVERSAL.

Nesta vida retomamos o progresso conquistado em outras existências no plano físico e também as imperfeições que acumulamos em vidas anteriores. Assim como uma estação de rádio o emissor lança no éter seu programa e quem está sintonizado nessa faixa de onda recebe, o mesmo acontece com nossa mente: emitimos um pensamento que encontra, pelas características do pensamento, a mesma faixa de onda, e quem estiver nessa sintonia o recebe. Pensamentos inferiores, de baixa frequência, ficam carregados de energias impuras e se projetam alcançando pessoas que estão com o mesmo tipo de pensamento, aumentando o sofrimento, como depressão, desânimo, ciúme, ódio e medo. Atraímos para nós pensamentos idênticos aos nossos. Os iguais se atraem. Poderíamos dizer que somos o que pensamos.

Agora, novos propósitos, novas energias, novos pensamentos possibilitam mudar nossa existência e para isso devemos persistir e ter em nós a vontade de sair de onde nos situamos; é necessário perseverança, dedicação e estudo para sermos livres de monólogos intermináveis da mente sem controle e de passar a usar essa força poderosa ao nosso favor, selecionando os pensamentos. Pode ser trabalho de uma vida inteira, mas somos donos da nossa mente, dos nossos sentimentos, e sempre há tempo para ser feliz. Pensamentos edificantes geram futuro positivo. A força está em nós.

DESDOBRAMENTO

Pelo desdobramento, o espírito no veículo menos denso do perispírito, abandona o corpo carnal. Todavia, permanece ligado pelo cordão umbilical fluídico. O desdobramento pode ser consciente ou inconsciente.

Regra Fundamental:

"Esforçar-se por conservar a consciência própria em todo o transcurso do processo, estar sempre animado da convicção de que realiza suas práticas com objetivos nobres e elevados."

Esta regra assegura proteção espiritual em todas as circunstâncias. Deve-se apelar previamente para o protetor espiritual, SEM cujo auxílio não deve o operador se aventurar nesse campo.

BILOCAÇÃO

É o fenômeno em que se constata a presença de um mesmo Espírito encarnado em dois lugares diferentes.

O exemplo clássico: Apolônio de Tiana, estando em Éfeso, falando em uma reunião, calou-se repentinamente e logo em seguida passou a anunciar o assassinato do Imperador, que nesse momento estava presenciando em Roma, e no qual intervinha gritando: "morte ao tirano!"

Portanto, do ponto de vista mediúnico, é sempre passageiro e tem dois aspectos consecutivos e complementares: desdobramento no primeiro e incorporação, vidência ou materialização no segundo.

BICORPOREIDADE

"É o fenômeno da mesma natureza da bilocação, com a diferença que este mostra o acontecimento em seu aspecto de local de manifestação, enquanto que a bicorporeidade o mostra em relação ao veículo de manifestação; bilocação significando dois lugares e bicorporeidade significando dois corpos."

Várias pessoas, registram a história, possuíam esta forma de possibilidade.

VIDÊNCIA

Estudos dividem a vidência em:

- Vidência no local
- Vidência no espaço
- Vidência no tempo

"No local: é aquela que opera no ambiente em que se encontra o médium, atingindo fatos que ali mesmo se desenrolam e pode ser considerada como sendo a faculdade em seus primeiros estágios.

O médium pode ver Espíritos presentes, cores, luzes e formas. Pode também ver sinais, quadros, símbolos projetados mentalmente pelos instrutores espirituais ou qualquer entidade em seu campo de visão. Quando o fenômeno ganha, com o desenvolvimento, maior nitidez, poderá ler palavras ou frases inteiras, também projetadas no momento pelo Espírito comunicante. Nesses casos, nem sempre os símbolos, sinais e letras são claros, apropriados ou significativos, sendo mesmo às vezes bem inexpressivos, visto que dependem da inteligência e do poder mental do Espírito comunicante."

"No espaço: é aquela que o médium vê cenas, quadros, sinais ou símbolos em pontos distantes do local do trabalho. Essa visão é obtida, comumente, por dois modos.

O primeiro, pela formação do tubo astral, que é um processo de polarização de um número de linhas paralelas de átomos astrais, que vão do observador à cena que deve ser vista.

Desta maneira, porém, não é única, nem mesmo a mais comum do ponto de vista espírita, pois sucede que, na maioria das vezes, a ligação entre o local da cena distante e aquele no qual se encontra o médium é feita pelos próprios instrutores invisíveis.

O outro modo de vidência no espaço é pelo desdobramento, mediante o qual o Espírito do médium, abandonando momentaneamente seu corpo físico, ou exteriorizando-se, é levado ao local da cena a observar então diretamente, sendo que nesse caso a visão é muito mais nítida e completa."

"No tempo: é aquela em que o vidente vê cenas representando fatos a ocorrer ou já ocorridos em outros tempos. Opera então, em pleno domínio quadridimensional. Ele está no tempo, que é a sucessão interminável de eventos. Abrem-se aí, para ele, as regiões pouco determinadas em que existem os registros da eternidade (Akáshicos), os quais, desfilando à frente, dar-lhe-ão como em uma fita de cinema visão nítida e sequência de acontecimentos passados e futuros. Colocados em um "ângulo de tempo", isto é, em "o momento", entre dois ciclos de tempo, seu olhar pode abarcar o que foi e o que ainda vai ser."

OS CHACRAS

Os chacras ou rodas são centros de força situados no Duplo Etérico. Por eles fluem as correntes vitais, os fluidos energéticos de uns para os outros envoltórios exteriores do Espírito encarnado.

No centro da roda fluem outras forças vindas do Plano Espiritual Superior. Essas energias são indispensáveis para a vida no corpo físico. No homem comum, o chacra se apresenta como um círculo de mais ou menos cinco centímetros de diâmetro, quase sem brilho, porém no homem espiritualizado esse círculo é maior, quase sempre um vértice luminoso.

Cada chacra difere em número de pétalas e de cor, dependendo da energia que circula por ele. Em pessoas pouco evoluídas, o movimento energético lento compromete seu tamanho, cor e brilho. Ao contrário, nas pessoas evoluídas, o intenso fluxo de energia os faz vibrantes em luz e cor, conferindo ao indivíduo muito poder e faculdades especiais. Quanto mais ativo e desenvolvido for o chacra, maior capacidade de energia ele comporta, e maiores possibilidades oferece em relação ao emprego dessa energia.

Os chacras estão divididos em três grupos: fisiológicos, passionais e espirituais.

Fisiológicos: Genésico até o Gástrico
Passionais: Cardíaco e Laríngeo
Espirituais: Frontal e Coronário

Todas as energias existentes fluem através dos seres alimentando suas atividades. Cada chacra é uma expressão de força do nosso Espírito.

Os principais se localizam em regiões correspondentes aos PLEXOS do corpo orgânico.

PLEXO	LOCALIZAÇÃO	CHACRAS
Sagrado	Fim da Coluna	Básico
Hipogástrico	Baixo Ventre	Genésico
Mesentérico	Região do Baço	Esplênico
Solar	Estômago	Gástrico
Cardíaco	Região Precordial	Cardíaco
Laríngeo	Garganta	Laríngeo
Frontal	Fronte	Frontal
--	Alto da Cabeça	Coronário

FUNÇÕES DOS CHACRAS

Cada chacra exerce uma função específica.

O Chacra Básico é depósito de energia Kundalini; é situado na base da coluna, capta e distribui o fogo serpentino e serve de reativação dos demais chacras.

O Chacra Genésico regula as atividades ligadas ao sexo e tem quatro pétalas.

O Chacra Esplênico regula a circulação de elementos vitais cósmicos, com cores básicas: amarelo, roxo e verde. Tem seis pétalas. Sua reativação aumenta a captação das energias, a vitalidade nervosa e a normalidade circulatória do sangue.

O Chacra Gástrico regula a manipulação e a assimilação dos alimentos e influi nas sensações e sensibilidade. Tem dez pétalas. Cores: roxo e verde. Produz disfunções vegetativas quando sua atividade não é normal.

O Chacra Cardíaco regula os sentimentos, as emoções e influi sobre a circulação do sangue e sua manipulação é delicada. Tem 12 pétalas. Cores rosa e dourado brilhante.

O Chacra Laríngeo regula as atividades ao uso da palavra e audição mediúnica. Tem 16 pétalas. Cores básicas: prata e azul.

O Chacra Frontal regula a atividade da inteligência, o desenvolvimento da vidência e tem ligação com a glândula hipófise. Tem 96 pétalas. Cores: roxo, amarelo e azul.

O Chacra Coronário é o ponto de ligação com o mundo espiritual, atua no desenvolvimento mediúnico e com a glândula hipófise, o que facilita o desdobramento.

A AURA

A aura é a expressão energética do que somos, pensamos e sentimos, mostramos também nosso estado físico e espiritual. Ela é a irradiação que emana de cada pessoa, se manifesta em cores consonantes com seu estado no momento. No fundo da aura se encontram as cores mais estáveis, que traduzem seu caráter e sua espiritualidade.

Os videntes veem a aura como alongamento do corpo físico que pode se mostrar em diferentes graus de expansão, com poucos ou muitos centímetros, dependendo da evolução de cada pessoa.

O estado de cada indivíduo é revelado em forma de ondulações ou raios coloridos e estas manifestações são sempre consequências das circunstâncias e acontecimentos de cada momento, que interferem direta ou invariavelmente na condição energética de cada pessoa.

Estrias são radiações que indicam impulsos de caráter passageiro. Dependendo da força e expressão dessas cores podem demorar horas para cessar, variando com a capacidade de harmonização da pessoa. Os pensamentos negativos produzem nas auras ondulações ou estrias de cores apagadas, escuras e desagradáveis, enquanto que sentimentos elevados produzem efeitos claros, nítidos e brilhantes. Na aura de uma pessoa em evolução, um sentimento de teor mais negativo se revela numa estria escura que rapidamente pode ser vista. No entanto, logo a parte estável volta em sua cor rotineira.

Também se refletem na aura as condições espirituais e as do corpo físico, mostrando a saúde, as doenças, as condições energéticas, as virtudes e os defeitos morais. Nas doenças graves é mostrado o enfraquecimento da pessoa. No processo de obsessão a aura mostra pontos escuros. Indivíduos positivos e determinados possuem uma aura forte que impede a entrada de energias negativas.

Podemos envolver com nossa aura os que queremos proteger, bastando para isso uma irradiação de amor. A aura reflete o mundo interno dessa pessoa.

A tela áurica é uma película muito fina que recobre toda a aura isolando a pessoa de todas as outras dimensões, razão que a impede de ver os Espíritos e a isola e resguarda da intromissão de baixas energias ou entidades maléficas. O rompimento dessa tela, como dissemos anteriormente, pode desencadear consequências destrutivas, podendo levar à loucura. Os vícios, práticas de magia destrutiva, cólera, fúria e drogas podem igualmente provocar o rompimento da tela áurica e um Espírito pode levar várias vidas na Terra nessas condições até que haja uma reeducação interior que revele equilíbrio e conscientização para obter a cura.

CORES DA AURA E SIGNIFICADOS

Vermelho claro: saúde, força, capacidade realizadora

Vermelho escuro: negatividade, irritabilidade, inflamação dos órgãos, doença, cólera e sensualidade

Rosa: amor

Rosa opaco: amor egoísta

Amarelo até o dourado: intelectualidade

Laranja: orgulho e ambição

Verde: simpatia

Verde esmeralda: grande criatividade

Verde com tons claros: denotam recursos brilhantes para a ciência

Azul claro: religiosidade

Azul com dourado: aspirações superiores

Azul com cinza: feitiço

Cinza claro ao escuro: desânimo, pessimismo, debilidade de caráter

Cinza com vermelho: ciúme

Auras de cor clara: revelam uma pessoa pacífica
Manchas escuras arroxeadas: podem indicar inflamação maligna

CROMOTERAPIA

A cromoterapia consiste na aplicação de energias de cores para tratamento de doenças de fundo orgânico e espiritual e é um recurso utilizado durante as assistências espirituais.

As cores atuam na recomposição da energia que falta em cada indivíduo, que resulta em desequilíbrio causador de doenças. Cada cor atua em uma área específica, complementando as necessidades, harmonizando o indivíduo.

As energias de teor vibratório baixo projetam-se em ondas longas e sua penetração no corpo físico é superficial. Já as energias de alcance elevado têm cores vibrantes, se projetam em ondas curtas e influenciam mais profundamente o corpo físico.

Cada energia colorida tem características diferentes que podem ser aplicadas de acordo com as doenças.

A partir da cor base, subindo em brilho e pureza, a energia é mais forte. Cada cor, em suas gamas diversas, possui vibrações próprias que correspondem a um som próprio.

A cor dá à energia o complemento e a caracteriza.

Rosa claro, envolve o doente com fluidos de amor. É específico para problemas de fundo emocional. Acalma e traz serenidade.

Rosa choque, usado para problemas cardíacos e de circulação sanguínea.

Verde claro, calmante, descongestionante, antisséptico e anti-inflamatório.

Verde folha, fortalece as células, vitaliza, atua sobre inflamações e é calmante.

Azul claro, calmante, relaxante, repousante e inspira religiosidade.

Amarelo claro, fortalece a lucidez.

O dourado ajuda na parte mental e dá clareza ao raciocínio.

Amarelo limão, benéfico para trazer lucidez.

Laranja, fluido morno, ativa as células e estimula os órgãos a voltar a sua normalidade.

Vermelho, específico para os ossos, depois de aplicado, colocar fluido verde.

Cores calmantes: verde e azul claro.

As cores mornas são laranja, amarelo e rosa.

A cor quente é o vermelho. Irritante. É utilizado em caso de necessidade de estímulos fortes.

Branco, coloca-se quando há dúvida sobre a cor na aplicação. É a síntese das demais cores.

E para melhor tratamento de doenças físicas pode-se aplicar energias magnéticas ou ectoplasma, conforme a conveniência de cada caso.

AUTOCURA

Cada indivíduo é responsável pelo resultado de suas emoções, sentimentos e pensamentos. O resultado dessas energias boas ou não abrange não só uma encarnação física na Terra, é o conteúdo de experiências vividas ao seu ciclo milenar colhendo e semeando infinitamente, até a superação final quando alcança a perfeição.

Cada vez que infringimos as Leis contra os outros ou contra nós mesmos, colocamos desarmonia na nossa vida e das outras pessoas, e como tudo fica gravado na Memória e no Tempo, sofremos as consequências de nossos atos, quando a Lei considerar que estamos aptos para o novo aprendizado, geralmente através da dor.

É chamada a Lei do Carma, a que nos traz a colheita do que plantamos. Podemos fazer um carma de sofrimento ou uma vivência libertadora se já despertamos para o Plano de Misericórdia, caridade e amor.

O Mestre Jesus nos ensina algumas Leis: No Pai Nosso: "Perdoai nossas dívidas assim como perdoamos nossos devedores."

"Não julgueis para não serdes julgados."

"Perdoai setenta vezes sete vezes"

"Se alguém te pede a capa, daí também a túnica"

"Se alguém te bater no rosto dá a ele a outra face"

"Não ficará nem uma dívida sem ser paga."

"Não resistais ao mal"

"Vinde a Mim quando estiverdes sobrecarregados e Eu vos aliviarei"

Meditando nas Suas palavras encontraremos como harmonizar nossas dividas do passado e curar nossas doenças.

Os médicos e terapeutas que consultamos também colaboram para que sejamos saudáveis.

Mas a autocura começa quando sabemos que depende exclusivamente de nós mesmos. Mudar nossos paradigmas, criar novos hábitos, buscar em nós a causa das desarmonias internas, físicas ou emocionais. Não nos deter no passado nem no futuro; não podemos viver três tempos, basta o presente. O eterno Hoje!

A fé em Deus e nas Suas Leis que comandam o Cosmos, a certeza da Sua perfeição, nos indicam que somente sofremos o que nos pertence sofrer. Quando nós não escolhemos, a vida escolhe, e nos impulsiona para frente. Tudo é movimento constante no Universo.

PERTURBAÇÕES ESPIRITUAIS

Estudamos Kardec e outros autores sobre os procedimentos das perturbações espirituais e na prática aprendemos o seguinte:

"Influências ligeiras por encosto de Espíritos estranhos ou familiares; influências mais intensas como obsessões comuns, inclusive as de fundo mediúnico, obsessões e fixação avançadas, com fixações mentais, depressões, dominações e vampirismo; ou ainda influências deliberadas por ações das trevas, por vingança, cobrança de dívidas cármicas e outros motivos, então, o índice de perturbações individuais é amplo e bastante alta a porcentagem de êxito no tratamento."

"Em se tratando, porém de doenças materiais orgânicas, espontâneas ou provocadas por agentes espirituais, os resultados são muito relativos ou mesmo precários, porque as moléstias e perturbações, normalmente sendo crônicas ou graves, são sempre somente destinadas à purificação de Espírito encarnado em prova, advertências e chamamentos ou, ainda, medidas drásticas de contenção ou despertamento, para seres retardados ou recalcitrantes. O conhecimento da vida espiritual, o esforço de evangelização com a reforma íntima, e a decisão do interessado de seguir adiante e ser justo influem grandemente nos seus resultados."

"Também temos os casos de possessão. É uma intervenção espiritual grave. O Espírito se afina com a pessoa encarnada que tem os mesmos defeitos e as mesmas qualidades para agir conjuntamente. Essa dominação se faz a partir do ser encarnado, seja por sua fraqueza ou desejos semelhantes. É dependência absoluta em que a alma se encontra em relação a Espíritos imperfeitos que a subjugam."

Sempre o ser encarnado pode se libertar desse tipo de influências. Ele é senhor absoluto do seu corpo. É necessário para isso sair da faixa vibratória em que entrou por afinidade ou carma: desconectar-se da entidade perturbadora.

A ciência estuda casos de epilepsia e outras doenças de fundo espiritual difíceis de curar. São processos cármicos de muito sofrimento para ela e seus familiares.

A experiência nos revela que havendo uma reformulação interna, renascimento espiritual, mudança profunda sempre incorporando a bondade e a fé, pode-se abrir o Plano de Misericórdia e a pessoa ser curada.

Como nós ainda temos pouco conhecimento sobre o controle mental e nossos sentimentos estamos sendo chamados pelo momento evolutivo para começar a cuidar dos instrumentos com que contamos.

Assim como a mediunidade, a mente disciplinada com o esforço adequado e consciente pode nos alavancar à planos de energias elevadas ou, pelo contrário, nos manter atraindo energias destrutivas. O importante é saber que a vida nos impulsiona para frente, tudo podemos quando acreditamos em Deus e levados pela fé. Contamos com orientação nas igrejas, nos centros espíritas, terapeutas que podem, caso persistam as desarmonias, nos ajudar. Os centros kardecistas, inclusive, mantêm tratamentos específicos para doenças de fundo espiritual.

Portanto, é indispensável viver o que estamos aprendendo e crescer internamente. A Lei de Evolução nos impulsiona quando saímos da estagnação e decidimos crescer.

PROCESSOS DE LIMPEZA DO PASSADO

O tempo registra as experiências vividas pela humanidade nos Registros Akáshicos, também chamado Arquivos da Natureza. Tudo permanece gravado no éter. Médiuns capacitados de penetrar nessa dimensão podem ver essas verdadeiras histórias como um filme, toda e qualquer vivência registrada desde o começo da evolução neste planeta.

Esses "anais" se pudermos observar, nos mostram como todos nós, humanos nas teias das vidas sucessivas, nos encontramos fazemos parte uns dos outros, em mil experiências necessárias para adquirir a sabedoria que possamos ter hoje. As transgressões das Leis nos ligam ao passado, trazendo energias pesadas de carmas. Muitas, obstaculizando o caminho, trazendo doenças e limitações. Repetimos experiências até o cansaço. Caminhamos em pedras, areias, lama e florestas, todos os climas, e realizamos todas as formas de adoração a Deus. Viemos aprendendo a cada passo, em cada existência, descobrindo possibilidades para viver melhor. Tudo no esforço de ter alegrias neste planeta materialista e cheio de ilusões.

Agora, estamos investindo em conhecimento que pode fazer a grande diferença, evoluir conscientemente. Respeitamos regras sociais e de justiça que com o tempo foram sendo mais humanas. A vivência do amor e a caridade nos ajudaram a crescer. Tempos novos vão abrindo um leque de possibilidades que nos ajudam a programar nossas vidas. Somos o que pensamos e sentimos, atualmente em um resumo de vidas. Mudamos muitos conceitos, apagamos com sofrimentos carmas depois do valioso arrependimento. Não somos os mesmos de séculos atrás. Fomos nos renovando, ainda que compulsivamente pela Lei. A Nova Era descerrou um caudal de energia que abriu uma nova forma de viver. A ciência começa a explicar cientificamente as mensagens do Mestre Jesus e as Leis Cósmicas que Ele deixou como legado nestes dois mil anos. Ele nos falou dos processos científicos que apenas entendemos como orientação religiosa. Temos portais de luz revelando essa potencialidade para todos os buscadores da verdade. Há tratamentos para dissolver energias pesadas, espaços espirituais sabem como fazer o tratamento adequado, se ligarem-se ao Plano Superior, ter capacidade mediúnica de ir ao passado e limpar os feitos negativos, desagregar fios e fontes negativas que chegam até hoje, e havendo entidades que permanecem na vingança, lembrar-se de Jesus, seu amor e as orientações de perdão que podem curar todas as feridas. É aconselhável que o doente assista o trabalho, pois abrem-se assim os portais da vida eterna para ele, e conheça a Lei da Evolução.

Seguindo o Mestre e aproveitando os recursos que o novo tempo nos traz, pode o homem conduzir-se somente nos rumos certos da renovação, e se recriar.

TRIAGEM MEDIÚNICA

Trata-se de aulas que têm por objetivo ampliar o desenvolvimento dos trabalhadores do Centro, também podendo delas participar as pessoas que já frequentaram as escolas de médiuns. Nas aulas deve-se aprender sobre os corpos físico, etérico, emocional e mental ampliando assim os recursos dos médiuns que se preparam para os tratamentos especializados. Capacita os trabalhadores na concentração e na ligação com mentores espirituais, treina a capacidade de observar os corpos do assistido, permite verificar se há afastamento do corpo mental ou emocional por trabalhos negativos, magia mental ou vampirismo.

Pode acontecer que uma pessoa durante seu sono saia de perto do seu corpo físico e ir buscar saber o que está acontecendo. Nesse momento pode ficar presa numa armadilha. O afastamento do seu corpo etérico é uma situação grave porque ele é o seu corpo de energia.

O corpo emocional distante ou envolvido entre vibrações antagônicas deixa a pessoa triste, desanimada ou deprimida.

O corpo mental preso provoca esquecimento, sensação de vazio e ausência de força de vontade.

A aura com problemas de trabalhos de magia sofre os impactos que podem abrir sua proteção áurica, possibilitando a entrada de outras entidades cobradoras do passado, adicionando fraqueza, doença e perturbações.

Na triagem aprende-se a sentir a energia das Fraternidades e como trabalhar espiritualmente com elas para a libertação das pessoas.

Nos casos em que entidades vingativas entrem em seu mundo energético, há necessidade de merecimento do doente: leitura diária do Evangelho, compreensão da gravidade do problema e compromisso de reforma íntima para que esse carma seja liberado através do tratamento. A vidência do passado ajuda nesses tratamentos para desfazer energias negativas, doutrinar Espíritos cobradores e colocar luz onde aconteceram transgressões à lei. Por fim, voltamos aos dias de hoje para limpeza de aura e seu fechamento junto às Fraternidades e à presença dos Arcanjos.

Pode haver fechamento integral do problema do passado ou apenas parcial, caso o assistido ainda tenha que aprender outras lições cármicas oriundas de outras existências.

PASSE ESPIRITUAL

Estamos mergulhados num mundo de energias e o seu teor depende dos ambientes que frequentamos, das escolhas que fazemos e de onde estamos situados emocionalmente.

Pensamentos e emoções condensam o espaço se forem deprimentes ou tristes, já os otimistas e harmoniosos, transmitem uma irradiação de paz. Quando estamos de bem com a vida, dificilmente as energias perniciosas podem nos envolver. No lar, cada participante da família emite energias mentais e emocionais que impactam a casa. Se positivas ajudam ao bem estar de todos, já a outra polaridade, tristeza, doença, mágoa, descontentamento, mesmo que involuntárias, condensam energias pesadas.

O hábito de manter-se no mesmo padrão energético, bom ou não, satura nele, na sua aura, no seu lar e onde ele estiver a sua própria irradiação. Sendo negativo, envolve a pessoa que acaba ficando presa nessa rede escura. Já os positivos funcionam ao contrário, mantêm a pessoa em uma aura protetora e radiante, difícil de romper. Quando somos serenos e confiantes, emitimos energias leves, mas se nos mantivermos na rebeldia, isso nos afetará inevitavelmente.

No plano astral, os Espíritos desencarnados podem prejudicar ou beneficiar de acordo com seus sentimentos. Entidades sofredoras emitem energias mórbidas que podem nos afetar de forma deliberada ou inconsciente. A contaminação liberada pelo desejo de fazer mal é muito mais maléfica, transmite a quem a recebe não só as próprias energias deles mas também o contingente psíquico complementar representado pelos maus pensamentos e pelo desejo do emissor. O mau fluido dotado de respiração pesada e baixa, afeta os chacras, os centros de força, aos plexos e ao sistema nervoso, atacando órgãos e produzindo perturbações de inúmeros aspectos e natureza.

Já os Espíritos obsessores condensam as energias até torná-las viscosas, fortemente aderentes as regiões e órgãos que desejam atingir e até a aura da vítima, isolando-a completamente do meio exterior. Mas, não havendo reações da parte do receptor, nem mesmo os mentores e protetores podem agir individualmente. Nesse caso, deve-se orar, atrair os protetores espirituais, ler o Evangelho de Jesus em voz audível e modificar seus pensamentos, emitindo perdão.

O passe espiritual dissolve esse visco e permite a penetração de fluidos finos e luminosos que restabelecem as funções orgânicas. O fluido bom possui vibrações elevadas e puras que reconfortam, estimulam e curam as perturbações físicas e morais. Nas curas espirituais mesmo os Espíritos desencarnados agem através dos médiuns ou diretamente sobre o perispírito dos doentes, e essas energias se transferem para o corpo físico.

Não são somente fluidos magnéticos das pessoas mediadoras do passe espiritual, recebem também do próprio Espírito operante envolvimento de energia mais fina e mais pura. O Espírito transmite uma combinação de energia e emanações da sua própria aura e poderosos influxos de sua mente, elementos estes que, quando o Espírito é de categoria elevada possui grande poder curativo, muito diferente e muito maior que os possuídos pelos médiuns encarnados. O passe espiritual trata as perturbações de origem espiritual. Já o passe magnético refere-se às curas no corpo físico. É uma transmissão, pelas mãos ou pelo sopro, de energia doada pelo operador ou médium para o doente. Sendo a maior parte das moléstias o desequilíbrio no ritmo normal das correntes vitais do organismo, os passes materiais tendem a normalizar esse ritmo ou despertar as energias dormentes, recolocando-as em circulação.

PROCEDIMENTOS ESPECIAIS

Existe um manancial de luz o qual chamamos de energia da Mãe Cósmica. Atraímos essa potência de amor quando sentimos que estamos tratando de um doente com problemas espirituais muito pesados, acompanhado por entidades vingativas e de profundo ódio.

Começamos a ajuda espiritual atraindo as Fraternidades femininas capazes de envolver e proteger tudo que vemos neste doente. Sugerimos a ele se colocar em prece e vibrando com o pensamento de perdão. A vidência pode apresentar o ponto onde a entidade manipula as energias pesadas. Muitas vezes, se não pedimos compaixão pelas entidades envolvidas nesse drama, não conseguimos chegar a esse plano; geralmente, um ponto escuro do astral. É quando o grupo eleva-se pedindo a energia da Mãe Cósmica, a qual imobiliza todos os envolvidos carmicamente. Energias luminosas descem então envolvendo as entidades perseguidoras sediadas em um ponto profundo, por exemplo, no vale dos suicidas. O grupo de trabalho mantém firme sua concentração e espera o momento da energia branca da Mãe Cósmica começar a descer e ir diretamente ao ponto onde as entidades cobradoras estão, e as envolvem. Elas não oferecem resistência. Pedimos que sejam levadas a Colônias Espirituais onde comporte esse tipo de sintonia.

Feito isso, pedimos limpeza com fogo purificador para esse local, e solicitamos também que até onde for possível, esse ponto aberto seja fechado.

A seguir, vem o tratamento de limpeza e refazimento do doente, nos pontos atingidos pelo ataque espiritual. As Fraternidades do Oriente fazem tratamentos cuidando da cabeça, da mediunidade e do equilíbrio em geral. Se o doente precisa de cuidados médicos, rogamos à Fraternidade dos Humildes, que dirige o Venerável Bezerra de Menezes.

Observamos que pessoas com esse tipo de perturbação espiritual são chamadas ao despertamento e à renovação interior. É importante esclarecer, orientar a necessidade de fazer Evangelho no Lar, de trabalhar na sua reforma íntima, frequentar a Escola de Evangelho para sua elevação espiritual. Assim, ele evita que outras faixas do passado venham " cobrar suas contas" e passe pelo mesmo problema, para seu despertar espiritual.

Pela nossa experiência, sentimos que a energia da Mãe Cósmica é amplamente poderosa e nos permite alcançar a compaixão de Deus.

LIBERTANDO DA OBSESSÃO

Através dos anos percebemos quando estamos sobrecarregados, irritados, intolerantes, ou quando não estamos bem. Muitos nem percebem sua mudança de temperamento.

Quando percebemos esse desconforto procuramos especialistas, florais ou homeopatia, que são caminhos possíveis, outros fazem exercícios físicos para aliviar as tensões, inclusive buscamos orientações e passes espirituais de limpeza, como ler o Evangelho; todo esse interesse nos ajuda a melhorar. Temos momentos lúcidos pensando no direito que todos temos em buscar ser felizes, ter uma vivência agradável e trabalhar em harmonia. Com certeza estamos situados em faixas e ondas mentais e emocionais negativas que nos colocaram nesse estado. Para reverter essa situação é necessário encontrar o motivo que nos deixou "para baixo" e, sabendo a causa, evitar repetir as mesmas sensações, à semelhança de quando nos alimentamos com produtos que nos fazem mal à digestão, os evitamos para não sofrer as consequências do desconforto físico novamente.

Pouco sabemos do nosso mundo interior, temos referências no que vemos, ouvimos ou lemos. Olhando muito mais o comportamento dos outros, podemos aproveitar para descobrir o que nos choca, para nos perguntarmos por que tal coisa nos incomoda.

Os que já se elevaram a planos superiores entendem que todos temos que aprender com as experiências e silenciar diante do erro dos outros.

Toda resistência que fazemos nas experiências do dia a dia pode sinalizar o egoísmo, orgulho, pouca tolerância, amor próprio ferido, carência emocional, e encontrando algo disso em nós, podemos mudar e alcançar uma vida mais agradável. Permanecer nesse tipo de energia, às vezes nos leva à perturbação espiritual e até obsessão. Procurando o Centro Espírita que nos ajude, podemos nos libertar disso num trabalho de obsessão. Mas é bom lembrar que, por sintonia, fomos nós que nos colocamos nessa energia que nos leva ao plano espiritual correspondente àquilo que sentimos.

Se continuarmos situando a nossa consciência em planos inferiores de julgamento, voltaremos ao Centro muitas vezes, podendo não obter a cura definitiva.

Deve haver, portanto, modificação da nossa personalidade em busca da harmonia e da paz que devemos refletir em pensamentos de perdão, preces e aprendizado das Leis que regem nossas vidas.

REFORMA ÍNTIMA

Ela começa quando olhamos em volta de nós e sentimos que a vida não é somente trabalhar, suportar o sofrimento, o trânsito e as dificuldades que vão se repetindo. Ideal que nos perguntamos se a vida que temos nos preenche a alma.

Quantas vidas caminhamos iludidos em tantos atalhos? Desejo e poder. Quando nos perguntamos: "é só isso?" Começamos a prestar mais atenção procurando encontrar o que nossa alma precisa. Aprendemos sobre o poder da mente, e ouvimos falar em reencarnação e o medo da morte se afasta. Sabemos agora, porque procuramos, que a alma é imortal.

Vemos pessoas mergulhadas em tristeza que assaltam sua paz. Outras, sentindo vazio na alma. Perguntamo-nos: "por que isso se a pessoa já alcançou os seus propósitos?" Pode acontecer o contrário, muitas lutas, infelicidades ou morte.

Quando há dor intensa, é "aquela noite da alma", e muitos despertam depois de passarem por ela. Saímos para buscar conforto e acabamos aprendendo que depende de nós, perseverantemente. Muitos acham difícil e desistem porque os demais integrantes de sua vida não colaboram.

Quando persistimos há uma aceleração de energia que nos ajuda a seguir nossos propósitos. Uma nova fase da vida começa. Nos despojamos de pequenas dificuldades e hábitos que não nos atraem mais, perdas de tempo que não nos acrescentam nada. Seguimos o caminho que nos alimenta e reconforta. Para alguns, esse caminho é o de rezar o terço diariamente, tomar passes espirituais, leitura sobre as Leis que regem nossa vida, fazer caridade... Nossa consciência vai se ampliando, enchendo o espaço interno, e o impulso de buscar fantasias e consequentemente decepções vai sendo substituído por novas conquistas e alegria. Fazer reforma íntima, falar do Eu interior e remover o que ficou ainda por melhorar internamente. Tantas coisas que criticamos ignorando que eram reflexos do nosso pequeno Eu.

Ninguém sofre o que não deve; essa verdade cósmica é a Lei da Ação e Reação. Ela nos traz sofrimento, o desgaste necessário para que haja progresso. A reformulação interior acelera esse processo nos estimulando a sermos melhores. E é importante encontrar a alegria, essa emoção nos ajuda a fazer as reformas que desejamos, sem achar tanta dificuldade. Encontramos a outra polaridade do cansaço e sofrimento sendo pacientes, solitários, perdoando, vibrando amor e conciliando, buscando a mansidão, o silêncio, e sabendo esperar os resultados que deverão se concretizar em uma vida diferente, legítima e próspera.

Nos centros espíritas há uma Escola de Iniciação Espiritual, a Escola de Aprendizes do Evangelho, que nos leva suavemente e com amor à conquista de nós mesmos.

Devemos buscar o apoio necessário para a transformação que desejarmos, se quisermos nos tornar novas pessoas, nascidas do próprio empenho e sabedoria.

PALAVRAS AOS MÉDIUNS

Todos temos a capacidade de ter contato com outras dimensões. O aprimoramento do homem é seu caminho e sua meta é voltar ao Pai, livre, depois de ter feito a caminhada evolutiva com sucesso.

Nossa sensibilidade cresce quando apuramos nossa energia interior.

A mediunidade de "prova" refere-se às pessoas que receberam a possibilidade de fazer uso dela para aceleramento de sua evolução.

Esse tipo de mediunidade desenvolve-se desafiada pela infiltração de entidades inferiores e também cobradores cármicos. Os médiuns que já fazem parte dos trabalhos de cura ou passes sabem muito bem o quanto custou equilibrar sua sensibilidade na Escola de Médiuns, no seu esforço de reforma íntima e nos diversos problemas que surgem quando se dispõe ao trabalho espiritual. Cuidar da mediunidade significa silenciar e orar, continuar no crescimento interno através de mudanças de comportamento evitando impulsos de natureza inferior que nos levam a esferas pesadas, o que pode nos custar muito para sair e voltar ao nosso padrão anterior.

A mediunidade é a possibilidade de manter contato com planos diversos, que podem ser baixos ou elevados. Isso vai depender de onde situamos o coração e a mente naquele momento. Manter a harmonia interna nos permite estar protegidos do externo negativo. Também podemos ser um elo da corrente de cura de grande benefício.

Na evolução atual da humanidade, é quase impossível manter a mente em silêncio por muito tempo. Podemos ter uma infinidade de pensamentos em poucos minutos. Cabe ao médium escolher seus pensamentos, começando por banir da mente o que é negativo e que nos leva ao astral pesado. No dia do trabalho espiritual manter harmonia desde cedo, se alimentar sem carne e evitar conversas de sofrimento ou assuntos negativos. Lembremo-nos que cada pessoa carrega sua "mochila" de energias que atrai constantemente segundo o que pensa, sente ou fala. Criar hábitos saudáveis ajuda o médium a manter um padrão saudável e equilibrado. Orar e vigiar para evitar sugestões de Espíritos inferiores que podem querer se infiltrar no trabalho, no lar ou no seu mundo interno provocando problemas.

PREPARAÇÃO DOS MÉDIUNS

Na "Escola de Médiuns" a pessoa vai deixando para trás as perturbações ligadas ao seu desenvolvimento o que quase todos sofrem até conquistarem sua liberdade através da reforma íntima, dos esclarecimentos doutrinários e do estudo do Evangelho.

O desenvolvimento mediúnico não deve ocorrer em ambiente despreparado. Deve ser realizado com a presença da Espiritualidade Superior e do dirigente da aula, com o objetivo elevado de atingir esse nobre crescimento.

Durante as aulas os mentores espirituais atuam no sentido de harmonizar as energias dos alunos. É muito importante para o médium sua espiritualização, firmeza de propósito e conquista do equilíbrio. Quando ele se predispõe ao desenvolvimento mediúnico, juntamente com o necessário treinamento das faculdades e com a vontade de ajudar ao próximo, a mediunidade pode se manifestar. Agradecer a Deus pela oportunidade do contato mediúnico abre espaços de luz que muito equilibrio promove. E por isso é de muita importância o esforço do médium para estar presente nas aulas, adquirir conhecimento, ter noção segura da sua proteção, desviar-se dos perigos e tentações, focar sua atenção no rumo certo, vencer as provas e se predispor a realizar sua tarefa redentora.

A prática do Evangelho no Lar semanalmente deixa um ambiente harmonioso que muito beneficiará o médium em formação.

Nunca esquecer, por mais brilhante que seja sua mediunidade, que foi concedida para um trabalho libertador de seus débitos cármicos e que não deve sentir orgulho negativo de suas faculdades, que por terem sido emprestadas, podem ser removidas se houver perigo de queda moral, pelo seu próprio bem.

Como nos aconselha o Mestre Jesus, orar e vigiar.

APRENDENDO SEMPRE

Toda conquista do homem fica gravada na mente global.

Foi possível observar que em lugares diversos e distantes houve a mesma descoberta, a mesma inspiração, a mesma invenção. O que uma pessoa faz, todos poderiam fazer. O Mestre Jesus nos deixou este ensinamento.

Não sei se há outros médiuns que podem trabalhar para o bem comum chegando em planetas do sistema solar e outros orbes para ajudar pessoas com problemas.

Kardec nos fala dessa possibilidade. Chico Xavier através de sua mediunidade nos conta sobre uma viagem de sua genitora ao planeta Júpiter. Em outros livros há narrativas pela mesma mediunidade, da vida em outros planetas.

É maravilhoso o interesse do Plano Espiritual em nos ajudar quando o momento é propício para seguirmos adiante em nosso desenvolvimento.

NARRATIVA DE MINHAS EXPERIÊNCIAS

Ao final da década de 60, em casa, senti nas minhas costas uma Entidade que me perguntava se eu poderia reunir os médiuns do meu trabalho na Federação Espírita do Estado de São Paulo porque gostaria de nos levar a outro planeta, sem risco nem problemas. Selecionei médiuns bem preparados e comuniquei a novidade ao grupo, que aceitou. Nos preparamos como sempre, pedimos a presença das Fraternidades e oramos. Uma luz nos envolveu em alguns momentos e nos vimos no planeta Urano.

Tempos depois vieram médiuns da Argentina para aprender alguns trabalhos de cura. Conhecendo o cabedal mediúnico de uma delas, pedi que observasse e relatasse o trabalho que íamos realizar. Fomos observar cada planeta do sistema solar e identificar as possibilidades de apoio deles aos nossos problemas. Ao final, colocaram sobre minha cabeça, no coronário, algo similar a uma antena que me colocou em contato com cada um desses planetas. Há muitos anos temos trabalhado com o que aprendemos nessa época, principalmente em Saturno e Urano.

Continuamos trabalhando com todos os recursos que aprendemos desde as Escolas de Médiuns, de Evangelho, e da Triagem que o próprio Comandante Edgard Armond nos preparou, para os trabalhos da casa.

Comentamos neste livro nossa visita aos planetas do sistema solar, sempre no sentido edificante de fazer o bem, de ajudar voluntariamente os que precisavam.

PARTE III
PLANETAS

COMEÇO DA PRÁTICA MULTIDIMENSIONAL

Como já comentei anteriormente, nos anos 1970 na Federação Espirita so Estadode São Paulo, eu tinha a responsabilidade de fazer a triagem mediúnica. E numa dessas sessões de trabalho de cura da obsessão, duas pessoas da Inglaterra nos visitaram para assistir o trabalho mediúnico. Ao término da aula, uma delas que era clarividente me perguntou: "Que luz era aquela que vinha do alto, feito um elevador, e pegava as entidades e as levava?"

A partir desse dia, percebi que o processo com as entidades, a doutrinação e encaminhamento podia estar sendo diferente. Funciona depois de haver o contato com uma ou mais entidades espirituais negativadas e preparadas para serem levadas ao plano de sua sintonia.

Na mesma época percebi nas minhas costas uma energia diferente, uma entidade de Urano queria levar nosso grupo especial a esse planeta. Seria um procedimento mental, sem risco.

Em sala separada da triagem mediúnica, eu preparava alunos dos anos anteriores, quando via neles maiores possibilidades mediúnicas para cura. Éramos duas médiuns a cuidar, deixei a direção com a companheira de trabalho. Falei com os médiuns e começamos com a preparação, preces e as presenças das Fraternidades. Através da vidência percebemos que fomos a um plano diferente e muito elevado. Foram se abrindo os planos espirituais superiores e começamos a sentir que cada semana podíamos fazer mais limpezas espirituais, até na Terra. Podíamos mergulhar em processos dolorosos em planos muito densos e levar muitas entidades do próprio centro da Terra para colônias; em muitas vezes vímos que ficavam fora da aura do nosso planeta.

Veio do exterior um grupo de trabalhadores, que eu visitava uma ou duas vezes por ano, ensinando os trabalhos e orientando sobre as Escolas desde 1965. Eles vinham de vários centros sempre que podiam, da Argentina e do Uruguai. Comentei com eles as novidades e passamos a ver tudo isso na prática. Em poucos dias eu sabia que também trabalhava com o planeta Saturno, e que era deste planeta a luz que levava as entidades. Nos ensinaram o processo de "congelamento" de todo o negativo que velozmente era levado e transmutado.

As Entidades que nos recebiam desses planetas e Planos colocavam algo como uma antena na parte superior do mental, para facilitar a ligação. Bastava um bom preparo e começar o trabalho. E até mesmo ao falar "vamos levar a entidade" o processo acontecia imediatamente. Dei a esse recurso o nome de "anti-gravidade". Continuamos exercendo esses trabalhos que foram se expandindo dentro do sistema solar e constelações. Com o intuito de um melhor desenvolvimento e aperfeiçoamento espiritual, um grupo de excelentes médiuns e eu temos nos envolvido em viagens a outros orbes, inesquecíveis conhecimentos e aprendizados que nos tornaram, como médiuns, indivíduos mais sensíveis e ainda mais admiradores do nosso Criador.

ENERGIAS SOLARES E O COSMOS

Existem ligações entre os planetas do sistema solar e o Cosmos. Cada um tem sua organização e sua condição intrínseca, sua densidade e sua espiritualidade. Tudo em concordância com seres que os habitam. Nós não estamos sós e as estrelas do infinito também não. Como flores do campo, belas no conjunto, individualmente cada um possui sua própria beleza, luz, evolução e ritmo de crescimento. Em alguns planetas, por conveniência evolutiva, habitam seres de elevada condição espiritual, dedicados a colaborar com os seres humanos da Terra e outros reinos da natureza. Estes seres também funcionam no seu crescimento.

Ligadas à humanidade no campo terreno existem fraternidades de seres, trabalhando na ciência, inspirando o homem nas suas descobertas. Profissionais de todas as áreas colaborando para dar maior expressão e despertamento à Terra.

Todos podem ser inspirados em suas realizações desde que fiquem receptivos, mesmo ignorando o processo. Independente de qualquer coisa, de qualquer escolha religiosa, inclusive ateus. Basta que haja o desejo de fazer o bem, mesmo havendo outros interesses; como o financeiro ou fama.

Cada individualidade pode ser receptora e emissora dessas energias, ajudando a Terra no seu programa de superação. As pessoas que permanecem adormecidas aumentam a densidade energética individual e coletiva da Terra pelo teor dos seus pensamentos ainda negativos. A grande maioria das pessoas ignora a bagagem que traz de outras existências, seja em conhecimento, evolução espiritual, ou processos meritórios de ajuda ao próximo. Mesmo ignorando seu passado, o homem evolutivo sente impulsos em fazer o bem para ele mesmo e para os outros, movimentando-se em busca de progresso.

Os Mestres Solares envolvem os planetas com irradiações de amor, trazidas do Pai Criador. Eles tanto irradiam forças e nos inspiram a sentir a necessidade de despertar, como também dão um alimento da alma aos cansados para continuar o caminho.

O corpo físico é uma máquina perfeita, capaz de se agigantar absorvendo energias da Terra e do Cosmos. Muitos deixam o corpo sem terem realizado integralmente suas tarefas programadas e prometidas antes de encarnar. Deus no seu amor sempre abre as portas para os arrependidos, oferecendo novas chances de seguir adiante na dimensão necessária para o seu adiantamento. Os teimosos continuam esperando para sair da indolência.

O sol, os planetas e as constelações estão programados para ajudar na libertação do sofrimento da humanidade. Toda vez que alguém consciente de suas carências procura alívio ou socorro, eles o ajudam nas suas necessidades evolutivas. Deus envolve a Sua criação, facilitando o que o homem necessita para sua libertação e crescimento. Nada é dado de graça. Os mediadores ou médiuns que sentem a necessidade de participar dessa festa solar ou cósmica, para trazer ao próximo a saúde ou conhecimento maior, deverão se libertar dos próprios entraves internos e apegos inferiores que os limitam, e despertar, tentando alçar voos maiores. Não sabemos quanto cada um trabalhou para o seu crescimento no passado. Hoje temos inúmeras oportunidades de encontrar o caminho da verdade que vai nos levar ao crescimento da alma.

DIMENSÕES NO COSMOS

Na Terra e em todo o Cosmos estamos mergulhados em energias, mergulhados na unidade de Deus que tudo abarca. Tudo vibra numa determinada frequência inerente a sua própria natureza, ao movimento, tudo sujeito às leis do Criador.

Nesta Terceira Dimensão, na Terra, a ciência só aceita o que pode comprovar, e estuda com sabedoria e dedicação os mistérios da natureza. Em lugares específicos, cientistas examinam com seus potentes e precisos aparelhos o micro e o macrocosmo.

Com a mediunidade de vidência é possível presenciar entidades que já faleceram e suas vivências em outras dimensões. Com a mesma mediunidade, pode-se acompanhar Espíritos na quinta dimensão, chamada plano mental.

Pessoas fazem viagens astrais nessa direção e mais facilmente desencarnadas, como nos conta Chico Xavier ter sido levado por Emmanuel, seu mentor espiritual a visitar outros orbes. A vida continua em cada ponto do cosmos, mesmo que não haja possibilidade de ter confirmação dos estudos. Aprendemos que se um homem alcança uma conquista a favor do homem, o caminho fica aberto para além da mente global, para que outros também possam conhecer.

O caminho está aberto.

PLANETA URANO

A preparação do ambiente e dos médiuns garante um bom resultado dos tratamentos. A percepção do dirigente do grupo determina quando se deve começar a se elevar. Saímos por um túnel iluminado e observando de cima, foi possível ver esse túnel e a galáxia. Há uma rota definida para entrar em Urano.

Entrando nessa atmosfera, vemos uma escada como a de um avião, alguém nos convida a subir. Já nesse ambiente, vemos que parece um templo rústico, bem antigo, de cor rosa claro, feito de cristais fininhos e transparentes. Ficamos em frente a um portal aguardando para entrar. A primeira impressão foi que Urano é muito antigo no sistema solar, remontando a origem dos tempos. Adentramos uma gruta, onde muitas pontas de estalactites de diferentes tamanhos revelavam a antiguidade de sua história.

Sentamos em círculo e em volta de cada um de nós havia uma cobertura transparente, semelhante a um plástico, que acompanhava a forma do nosso corpo e nos envolvia da cabeça aos pés. Essa cápsula ficava a uma certa distância do corpo, parecia uma proteção individual, mas era mais que isso, era um aparelho que revelava as necessidades de cada um de nós. Em nossos braços surgiu uma tela, como um painel digital. Tivemos a sensação de que nesse lugar a energia curativa iria tratar fatos antigos, histórias de outras vidas. A energia atômica foi usada para realizar os tratamentos. Como tudo na prática é mais fácil, começamos.

Tratamento 1

Sentimos que além do físico seriam tratados outros corpos dos doentes. Ela senta e percebemos como uma digitação, uma leitura dos dedos, é possível ver todas as encarnações da pessoa até a primeira delas. Desde o início, começa a girar uma energia que faz cada um de seus corpos crescerem como balões, que se enchem de luz e dessa forma realiza o processo de limpeza por dentro de cada um deles. Vidas e vidas sendo curadas do acontecido no tempo, vimos choques, a limpeza começa no mental, desde o começo vai limpando e chega até a vida atual.

A energia cor-de-rosa começa a percorrer sua coluna, iniciando na base da cabeça até embaixo, clareando gradativamente até adquirir a cor branca. Essa luz permanece nas costas e a ilumina toda. O molde da cabeça se materializa e nele são modificados os pensamentos e retirados os pontos negativos. Ao final desse tratamento, esse conteúdo purificado é reintroduzido na cabeça do paciente que se livra das marcas indesejáveis das vidas anteriores.

Ela fica bem leve e uma energia que nos parece água e limpa a pessoa. Sua receptividade facilita o trabalho. É realizado um tratamento de renovação, principalmente nos neurônios onde existem pontos enfraquecidos. Cuidam também dos intestinos e do ventre. O coração é tratado com um líquido semelhante ao mercúrio, cor de ouro e rubi. Percebemos que sua alma relaxa. Há silêncio e liberdade.

Tratamento 2

Bolhas de ar surgem e entram na circulação. A paciente foi mergulhando nessa energia, seus braços se tornando fracos, comprovando que sua circulação estava comprometida. Uma energia entra pelo alto da cabeça, repetindo o processo do balão, deixando leve para dar descanso nos ombros. Com clarões são dissolvidas as bolhas enquanto a luz penetra. Toda essa energia alcança os ouvidos, retirando o que causava o barulho que o incomodava. Nos ombros colocam algo gelado para neutralizar o calor que ali se havia instalado. Trabalham nos nervos com filamentos cor-de-rosa bem forte, que entram pela coluna. Todo esse tratamento é para o físico. Resíduos das vidas passadas.

Um molde introduzido pela cabeça fez o registro de todas as vidas, em outros corpos, que ficaram armazenadas. Esses registros ancestrais começam a sair em forma de fios que, um líquido de cor dourada, dissolve. Tudo é rapidamente dissolvido. Outro molde é utilizado para colocar novas ideias, para renovar, para trazer o mental para idade de outro tempo, de outra dimensão, muito mais dinâmica, agora sem as amarras do passado. Ela vai ficando alta, magra como procurando o seu corpo original para deixar marcado no corpo mental. Essa energia vai aprumando os corpos que vão ficando fortalecidos, os braços já ganharam vida, os ligamentos, músculos, ficam revigorados e mais fortes.

No final vimos tudo ser renovado, fixando, firmando e protegendo seu mental. Olhando para ela, conforme se apresentou de cabeça para baixo, frontal e coronário, começa a entrar uma energia que permite ver suas vidas passadas. Vidas onde só ficou sentada e passiva. Muita perda de tempo. Essa limpeza permitiu avançar no tempo. Muitas cores fortes em movimento mostram na tela vidas passadas com conhecimento já adquirido. Apagam as inutilidades. Uma ventania forte, passa pela sua casa, foi uma força de limpeza muito grande. Também trabalham no terceiro olho, limpam costas, laríngeo e o coração. No gástrico, arrancam raízes, é a sua parte mais sensível.

Conforme acontece o tratamento, um novo molde é formado. Há uma energia de amor agasalhando como um pai que perdoa. Um pai rígido, mas amoroso. Da cabeça saem fios elétricos que parecem queimados, como se um curto-circuito tivesse acontecido. Essa parte da cabeça foi remodelada e restaurada. Há uma advertência para não queimar novamente os fios. Uma energia gelada refresca a cabeça. Ela já tem muito conhecimento adquirido e aconselham continuar aprendendo. Ela foi preparada e conforme passa o tempo, esses conhecimentos vão se acumulando se não forem transmitidos.

Tratamento 3

É sempre o mesmo começo. Colocam o suporte anatômico pela parte de trás da cabeça que segue até a nuca. Ele tem um magnetismo que se espalha no interior da cabeça. Energias circulares espalham-se pelos ouvidos, rosto e até o coronário em movimento de um lado, depois o outro, como que respeitando dois hemisférios. Ela tem uma abertura nos ouvidos.

Muita energia é irradiada na paciente e se fixa. Grande trabalho na cabeça acontece, que é a parte mais sensível do mental. Atrás tem dois caminhos onde espalham redes e com elas vão puxando, muito suavemente, pontos escuros do cérebro, até que tudo clareia e fica limpo. Seu corpo mental é mergulhado na "água" e ela recebe uma proteção de cores. Em volta de seu corpo uma camada de um algodão, como ectoplasma, de forma a garantir sua proteção. Modulam a cabeça e à medida que energias brancas envolvem sua parte mental ligada aos pensamentos. Recebemos a orientação de que deve receber mais tratamentos. Chega nela envolvimento branco e termina a sessão.

Tratamento 4

Energia na cor violeta chega e desce possibilitando a continuidade do tratamento, começam com laser liberando as correntes que prendiam e pesavam no corpo da paciente. Tudo foi queimado com a energia violeta. Outra energia dourada, como ouro derretido, entra pela boca e faz com que todo esse processo de liberação aconteça. Ela está presa no passado e isso a afeta. É limpo.

Observando suas vidas na linha do tempo, vemos um corpo bem machucado por algo que atingiu seus olhos. Para essa vida nasceu com essa sequela. Na medida em que a energia aplicada vai apagando essas lembranças, tudo é dissolvido e sua mente se liberta.

Aparece uma abertura no cardíaco e nas costas que se apresenta como um machucado muito grande, isso também faz parte de um comportamento no passado. Continuam se soltando muitos pontos e gradativamente as amarras se rompendo. A parte mental vai ficando limpa, o laríngeo, a cabeça e tudo foi moldado novamente com fios de luz que garantem novos pensamentos.

Tratamento 5

Sua cabeça é envolvida por energia que revela uma armadura na parte mental, fruto de ter deixado a mente tomar conta, ter conhecimentos acumulados que não divulgou a ninguém. Era como uma crosta com as palavras: "eu sei tudo". Raios azuis e violetas entram cruzando sua cabeça e acontece uma libertação muito grande. Moldaram a cabeça com energias de alegria e inocência.

Tratamento 6

Desceram energias de muito amor pela cabeça. Ela foi se vendo em vidas passadas e percebendo que isso provoca efeitos ainda hoje. Tudo o que lhe mostram é aceito e ela solta, buscando sua libertação.

Houve muita libertação também na parte mental e lhe foi administrado o calmante. A cabeça ficou envolvida com energias verdes em forma de mechas, como fios de cabelo. Ela vai permanecer em processo de cura.

Sentimos, na medida em que observamos os tratamentos, que alguns fios estão mais receptivos e recebem tratamentos mais profundos, outros o recebem de acordo com o seu conhecimento e entrega. O desapego nesses tratamentos é muito importante.

Término dos tratamentos. Agradecimento e prece de encerramento.

AGRADÁVEL VISITA À MARTE

No início dos trabalhos nos ligamos com o plano superior e vimos a energia dourada descendo em gotas como se fosse chuva. Pedimos a uma entidade chamada *Imotepe*, que é considerado o primeiro arquiteto, engenheiro e médico egípcio da história antiga que viveu milhares de anos atrás na Terra, então presente no trabalho, para nos levar ao planeta Marte.

Vimos o Templo de Luxor, muito bonito e foi fácil atrair suas energias. Limparam nossa testa e cabeça, a roupagem foi mudando e parecia como de um astronauta, significando proteção.

Todos estavam vestidos apropriadamente para essa viagem e, além disso, cada um dentro de um "ovo" grande que iria nos conduzir. Sensação de entrar no elevador, como uma nave. Sentimos luz no alto da cabeça. Fomos atraídos por um círculo para nos elevar. Nossos mentais foram se adaptando a essa energia, nosso cardíaco acelerou positivamente e fomos crescendo, estávamos muito unidos.

Chegamos. A primeira sensação foi que as pernas estavam mais pesadas, elas foram preparadas para não flutuar. Muitos fios dourados, como uma explosão, subiram até o infinito dentro do Templo. Bolas douradas, fonte de fogo, a cor lilás saía em forma de água e como um rio distribuindo e trazendo purificação. Vimos cachoeiras de luz descendo e ajudando a Terra.

Depois, entramos em uma sala com cores variadas, a parede de espelho (não é cromoterapia) mostra a sala cheia de aparelhos que parecem armaduras e também peças avulsas, que fazem parte do trabalho de cura. Pedimos para aprender na prática.

Tratamento

A atenção era para uma senhora, colocaram um molde em todo seu corpo e também no conjunto dos órgãos. Observamos uma sala de comando redonda, onde estávamos todos de costas e na frente de cada um havia uma tela.

Em cada tela havia um pedaço de vida da pessoa que está na frente dessa tela, bolas caiam nessas imagens e destruíram as imagens que foram vividas no emocional e mental dela, na época jovem de 13 ou 14 anos. Notamos uma cena de discussão com alguém e bolas douradas destruíram da memória como o filme que vai limpando, sintonizada nessa parte, depois saiu o molde que foi colocado nela no começo do tratamento, ela voltando a si, cardíaco e frontal, teve muito movimento nesta parte, com força e energia.

Essa tela que está girando foi limpa, deixando um dourado, focalizaram os pés e foi recebendo energia de firmeza e segurança. Término do tratamento.

Tratamento

Passam por um tubo parecido com o da ressonância magnética. A armadura conecta um ponto de memória, no físico ligado com a parte emocional e as telas vão girando, limpando, as memórias se dissolvendo, explodindo e mexeram nos olhos. Outra energia nos olhos, cardíaco, também aparelho digestivo, ossos, circulação, com muita rapidez para deixar as veias limpas pela energia branca, como ectoplasma que vai formando o que precisa repor, a pele também, como se tivesse ficado uma placenta, os pés recebem na parte das energias choques e raios embaixo, é colocado esse tubo de energização também no mental e a própria energia vai processando.

Deve ter uma mente que comanda isso. Não vimos entidades agindo, nem alguém realizando os tratamentos. Percebemos a pessoa rejuvenescendo, esse tratamento tem o poder de fazer modificações nas células, na parte da cabeça e até no fio do cabelo. Término.

Tratamento

O corpo da pessoa treme, a energia fria foi aliviando e refrescando. Passa por aquele tubo e é colocado um molde, os espaços vão se enchendo de uma gelatina na forma de corpo, vemos o corpo dela machucado, a pele está quente, o molde fica detectando a febre na parte mental vai puxar esse calor. Começou e foi descendo formando o corpo fininho, está fazendo alinhamento na cabeça, pescoço, peito como se formasse outro corpo e pintado de cor-de-rosa, também ectoplasma, fazendo com outras cores e mais cor-de-rosa atrás dela, mais escuro não chega a ser magenta, também na parte do peito e braços.

Há algumas regiões do corpo mais necessitadas, ali as camadas de energia são mais grossas. Bola de luz, limpeza e purificação, um tubo entra e limpa a garganta, o laríngeo e vão saindo por esse tubo coisas escuras até ficar limpos com esse tratamento, depois pincelam a faringe.

Na parte mental vão limpando também e saem camadas que vemos ficar mais grossas, como se fossem eletrodos, e demoram mais onde precisa de mais energia. Com uma energia branca como ectoplasma termina a cura. O coronário dela se expande e sobe, ficou mais alto, tem um corpo dela que conversa com outro falando que está recebendo com carinho esse outro corpo. Parece um acolhimento.

Trabalharam muito no frontal e também no terceiro olho e a consequência foi de paz e serenidade. Ficou com uma roupa rosa de proteção, colocaram no círculo prateado na cabeça, um fechamento no coronário se enchendo de toda energia que precisa. Uma coroa de luz vai ficar puxando o coronário para cima. Luzes coloridas se ativaram no meio da cabeça e puxa para cima. Terminou.

Tratamento

Ligaram uma energia no fim da coluna da doente, ela foi socorrida de emergência para se recuperar, deitaram-na em uma maca e colocaram energias nos dedos. Ela estava com um aperto e sufocação no coração, a vimos enfraquecida como se fosse difícil acordar, de manhã tem muito desgaste. No fim da coluna vimos algo desconectado, sugando energia dela, na nuca um ponto escuro.

Isolaram-na para ficar invisível, ligaram eletrodos nela no ventre, pâncreas digestivo, vimos que tiraram todos esses órgãos, até o coração dela. Ligaram os eletrodos na parte interna e nos órgãos que retiraram, irão tratar dentro e fora dela. "Vamos fazer limpeza e purificação."

Na cabeça colocaram uma placa, parecia uma toca, que tem força e dá proteção.

Tratamento

Colocam na doente uns moldes, um corpo dela está fora, estão fazendo a proteção. Reforçam a parte da pélvis e toda essa região. No intestino grosso ainda precisa de mais proteção para ligar os eletrodos, uma sensação de agonia. No coração aparenta ter um buraco e são colocados eletrodos, que vão colocando e tirando várias vezes.

Há uma irritação no intestino e o corpo dela está inchado. Colocam ectoplasma dentro do intestino, fazem uma lavagem, e acomodam uma gelatina que fica na parede do órgão.

O corpo inchado não reage, ela não quer desapegar. Criam um novo intestino e o antigo foi destruído, tratando o corpo inchado ele reagiu e murchou. Na nuca desligaram o fio cármico, que vai para ela do corpo de sua mãe.

Passaram um filme que limpou e tudo ficou normal. Tiraram a armadura e deram choquinhos para ela voltar, massagem em forma de círculos. Ela ficou livre. Purpurina em volta dela. Terminou o tratamento.

Tratamento

Vimos vários corpos de pessoas, todos dispersos. Reuniram todos. Dentro de um tubo colocaram o mental, cabeça, olhos, nariz, cérebro e passaram por exames.

Colocaram agulhas minúsculas, quatro bem pequenininhas, na parte onde ela tem um bloqueio, e com isso foi desbloqueado. Foi tratada nas vértebras. Retiraram do cardíaco uma nata seca, que estava grudada no emocional, na memória e na parte afetiva. Colocam um tipo de vegetal, e com isso a pessoa se desliga da sua essência, é um alimento natural que faz o processo de cura.

Pelos pés entra uma energia que movimenta com força na parte genética, que recebe o tratamento. No gástrico e baixo ventre colocam dourado que vai entrando nela no fim da coluna e na bacia.

O emocional recebe mais ectoplasma, passam emoliente para desgrudar. Agora, limpam a memória, na faixa do tempo, com quatro anos de idade, depois do tratamento ficou reconectada com sua essência.

A energia fez o término dessa renovação que passa pelos órgãos internos e a cabeça, puxando o coronário.

Encerramento e preces.

PLANETA MARTE

Preparação dos trabalhos. Preces.

Uma luz começa a nos elevar por um túnel violeta. Entramos num jardim, trocamos de aparelhos e encontramos os mentores que irão nos conduzir. Uma brisa muito suave é sentida pelo grupo.

Passamos por uma colônia espiritual de onde vamos para outro local. Sentimo-nos familiarizados, como conhecidos e absorvemos as energias. Recebemos um bloco para fazer anotações da viagem. Tem energia parecida com o sol que fica em cima de nossas cabeças. Esse é o veículo onde vamos subir. Estamos nos elevando e o coronário se expande.

Já no nosso destino, o dirigente conversa com os seres do próprio local. Há Espíritos muito elevados e estamos absorvendo energias que circulam nesse local, tudo é branco, surgem do centro da sala energias que vão passando por cada um de nós.

Escutamos o nome de Egeia do Plano Branco. Sentimos que um mestre coloca a mão no ombro do dirigente, conforme a energia colorida circulava em nós. Eles querem trabalhar em nós no terceiro olho. É diferente esse local, nunca estivemos aqui. Nas paredes há símbolos como os triângulos e podemos olhar através deles. Estão nos puxando algo do terceiro olho e com isso nos libertando. Vamos colocar uma roupagem parecida com a de astronauta, pois a energia que gira ao nosso redor é fria, parece uma névoa. Agora estamos flutuando e automaticamente passamos de um lugar para outro.

Ainda estamos subindo como um foguete, depois da limpeza, nos libertamos. Agora passamos por um planeta de energia quente. Hoje vamos passear pelo cosmos, planetas sem entrar neles. Vamos nos fixar, tentam passar o nome do planeta que não fica claro se é Marte.

As portas se abriram e entramos, houve uma transformação. Tem muitas entidades femininas e masculinas, são bem grandes, a roupagem é diferente. Estamos no auditório e tem uma tela.

Nas nossas cabeças são colocadas energias que formam um pano nos envolvendo a cabeça, existem muitos ouvintes nesse local. Estão recebendo um banho de energia azul para fortalecimento. Na tela reparamos o que vai acontecer nos trabalhos.

Tratamento para a Terra

Enviaram 'bombas' sobre a Terra, que saem de uma máquina que tem o poder de absorver e modificar onde elas caem, elas sugam como se fosse um imã. Estão querendo muito passar essa energia para socorrer a Terra. À medida que a máquina vai passando clareia e absorve tudo o que é negativo. Muitas entidades trabalhando, são seres desse planeta. Além das bombas, eles estão puxando como uma corda bem escura escorregadia que também está sendo absorvida, derramam um verde passando por todo o eixo da Terra, essa energia também é cicatrizante. Debaixo de toda essa luz está tendo muita separação no eixo da Terra, e a outra parte é afastada. Conforme uma energia rosa entra nessa separação, o dourado também entra nesse mesmo espaço. Existe uma alegria nesse ambiente. Ficamos como se fosse um vaso na cabeça que girava e com uma túnica azul bem clarinho.

Tratamento

Hoje numa sala com diversos aparelhos, a doente entra em um deles e estão juntando ectoplasma para ela. Analisam o peito, a cabeça, colocam muita força, ânimo e coragem. Ela passa para outro aparelho, além de verem sua aura, checam também toda sua parte externa. Por último, tiram um "raio x". Eles estão cuidando muito da cabeça, ela quer esquecer das coisas, tem vários fios. Com um aparelho muito fininho puxam um fio da cabeça. Ela sai bem energizada e firme.

Uma pessoa vai para um aparelho e conseguimos ver suas células e principalmente as da cabeça, mexendo nos neurônios, vem a energia solar muito forte. Passa pelo segundo aparelho, depois o terceiro, esse processo deixa a mente vazia e o coronário como se fosse uma taça. Saem dos aparelhos energias para cuidar dos ossos.

Terminando, a ligação continua.

O próximo doente vai para a primeira máquina, foi entrando como se conhecesse esse local, passa pela segunda, se energiza, cria músculo. Na terceira máquina gira forte absorvendo alguma coisa. Essa máquina faz curativo no terceiro olho. Ele se sente firme, embaixo de um holofote. Nós recebemos e anotamos todas as informações.

O doente passa pelo primeiro aparelho e fortalece o emocional e o cardíaco. Entra no segundo e terceiro aparelho absorvendo, energizando e irradiando luz, mudando seus registros do mental e emocional, retirando da mente coisas que não serviam para ela. Também equilibram o que está desorganizado.

Quando ela entra na primeira máquina começa uma rotatividade, girando tudo e tratando. No segundo aparelho os chacras e a cabeça são absorvidos e limpos. Dá um clarão por dentro, há bastante luz colocando força. No terceiro aparelho a luz é na cabeça e seguram as têmporas de um lado e do outro e com isso equilibram e tudo fica limpo.

Ela entra no primeiro aparelho que conecta o coronário, na cabeça toda foram puxados fios escuros. No segundo aparelho existe água verde bem clara e refrescante que entra nas células em todo o corpo e também na circulação.

No terceiro aparelho também ajusta a parte da mente com muito dourado, limpando o coronário e as células da cabeça, e é envolvida com muita energia rosa, que penetra bem fundo na centelha.

Tem muitos cientistas trabalhando junto, verificando os tratamentos, modificando os problemas e essa energia rosa está desligando pontos que não são bons.

Ele está mais forte hoje, entra no primeiro aparelho que limpa a cabeça, o coronário e começa a girar. Passa pelo segundo aparelho que observa a aura, os chacras, entra energia calmante, foi até o gástrico e tudo foi limpo. O terceiro aparelho envia muita energia verde e rosa envolvendo e fortalecendo. Ele recebe força em toda a coluna de cima até embaixo.

Tratamento

Ela entra no primeiro aparelho que retira muitos pontos que precisam ser libertados, sobe tudo que foi retirado, está limpando a faixa escura que ligava ao coronário, tem relação com a mãe. Tudo estava limpo.

Já no segundo aparelho surge uma energia verde derramando uma água cristalina lavando toda a paciente. Em um outro aparelho a energia rosa e amarela fortalece os ossos equilibrando bem a parte mediúnica.

Tratamento

Ele foi colocado no aparelho e trabalharam na parte da centelha, mas algo impedia que ele recebesse fortalecimento. Parece que ele veio com o sol preso. O aparelho mostra que estão movendo algo para que ele fique mais forte. Então, passa para o segundo aparelho que atua dentro da cabeça, retirando registros, talvez o principal foi algo ligado ao cordão umbilical, durante a gestação. Ele não absorveu, através do cordão, uma vitamina e isso ficou registrado em sua memória. Agora foi reposto. Passa para o terceiro aparelho, a cor rosa, o amarelo e o dourado e essas energias circulam e dependendo da abertura que ele tenha, essas energias podem ir mais fundo no tratamento. Ele já tem na alma o grito que quer trabalhar e evoluir. Houve muita energia e seus corpos cresceram.

No início do procedimento foi colocado muita luz nos olhos dela, para que pudesse enxergar melhor e esquecer um pouco da ilusão e ficar mais na Terra. Tem muita energia de amor no primeiro aparelho. Encontraram partes endurecidas, usaram energia verde calmante que entra no sistema nervoso. Estão eliminando dela muita teimosia. Depois num outro aparelho puxam da cabeça algo negativo para equilibrá-la, as pétalas do coronário também foram puxadas para cima e houve um grande trabalho de limpeza no peito. O dourado na cabeça ajuda para que ela não olhe para trás. A envolvem-na com muita energia rosa.

Término dos trabalhos e preces de encerramento.

PLANETA MARTE COM FOGO E ÁGUA

Preparação:

O plano se abriu, recebemos luz, energia de misericórdia e muita cor branca. O local vai se ampliando, é um plano de laboratórios, com maquinários e aparelhos. Um ambiente estéril. As energias circulam, estamos num corpo mais sutil.

Tratamento

A pessoa está sentada nesse ambiente e os aparelhos passam a fazer parte das cadeiras. Inúmeros eletrodos são instalados e todo corpo é medido e avaliado. Estão fazendo um diagnóstico. A entidade fica ao lado, sob o comando de um Espírito feminino de muita elevação. Manualmente a pessoa é escaneada com laser e identificam líquido no seu pulmão. Com o mesmo aparelho de laser pequeno e com uma esfera na ponta é feita uma "cauterização" e uma limpeza geral. Identificam que o corpo interno está aumentando, sobrecarregando de uma forma que seu físico não aguentaria, mas igualmente identificam que o Espírito é grande e forte.

Com a chama branca de uma misericórdia tentam remover uma tristeza alojada em seus pulmões, que forma a água que neles se acumula. Esse é um problema antigo, de família. Um aparelho em frente a sua cabeça vai puxando as ligações, que prendem essa tristeza e que induzem o corpo físico a parar. Lentamente vão diminuindo esse acúmulo até remover do pulmão uma película e fazer uma sucção. O pulmão é enxuto e envolto em muito verde e branco. Enquanto cicatriza e para que não sofra grande esforço, criam um atalho para respiração.

Seu corpo físico está crescendo. Agora está perto de dar um passo na sua caminhada de vida e ser livre.

Verificaram outros órgãos, fígado, esôfago e coração. Mostram o que é um problema na coluna e colocam numa vértebra, um anel dourado. Outro anel é colocado na garganta. Seu físico está sem energia Kundalini e essa perda não é antiga e tem origem no momento atual; algo precisa mudar.

Pouco a pouco ela vai subindo e se desfaz um bloqueio no frontal e na cabeça. O líquido percorre a garganta de um lado para outro e acaba com o refluxo. Tratam também o estômago que apresenta irritação como se tivesse sido muito forçado. Fazem uma cirurgia a laser, separando a bílis e preenchendo a cavidade com um líquido branco leitoso. Uma energia percorre o corpo de cima para baixo. Cauterizam a vesícula e tratam a bexiga. Conforme tudo se acalma o físico fica do tamanho do Espírito e se equilibram. Ela está evoluindo e se libertando. O tratamento termina e ela é colocada em uma maca para repouso.

ANDRÔMEDA

Começamos o trabalho no grupo como habitualmente.

Aparece uma figura mítica: o gênio da lâmpada gira em nossa volta e com isso nos mostra a energia que temos. Cada um de nós é o gênio da lâmpada. Nos preparamos e levitamos, experimentamos a sensação de flutuar, envolvidos por uma energia azul muito clara.

Estamos dentro de um grande globo e com impulso, subimos. Nosso corpo pesado ficou leve e alegre, clareando os mentais, fomos subindo. No caminho vislumbramos muitas cenas, paisagens, flores, dimensões diferentes, até chegarmos no lugar muito dourado onde entidades com um escudo dourado no peito e o fluido azul nas costas, nos abrem a porta.

Em todo momento nos sentimos rejuvenescidos. Passamos por um tubo, um corredor, ladeado por seres masculinos muito altos e magros. No nosso peito se intensifica o dourado. Entramos em um salão onde vamos absorver os ensinamentos e receber força. Todos os objetos estavam dentro de um outro globo e haviam carteiras escolares, uma tela grande e o mentor tem antenas conectadas na cabeça.

Recebemos cadernos e em fila nos encaminhamos para nossa aula e para nossas anotações. Sentimos que hoje vamos receber um abastecimento de força maior nas mãos para o trabalho na Terra. Vamos ficar ligados à energia desse local que poderemos direcionar para onde for mais necessário. Com essa energia o pensamento será muito mais criativo. Vamos ajudar o nosso planeta. Bombas saem de nossas mãos, explodem e desintegram o que deve desaparecer. Esse local tem energia de misericórdia. Pontos mais escuros na Terra vão se desintegrando e assim toda energia pesada é consumida.

Através de uma tela vemos a Terra. Uma entidade feminina envolta em energia dourada carrega algo em seu colo. A energia azul escura entra em todo o eixo da Terra, dourada, amarela e rosa escuro acalmam o planeta. Essa entidade mãe produz uma luz rosa que envolve crianças, idosos, toda a natureza e a atmosfera. Esse banho de amor é finalizado com muito verde que renova e retira todo o cansaço.

Tratamento

A doente precisa ter seu coração renovado, está anêmica.

Cuidam na sua cabeça e estimulam um ponto específico, ativam os neurônios e calibram suas funções. Eletrodos são colocados em sua cabeça e a revigoram delicadamente. Desobstruindo uma veia entupida, o coração foi renovado e ela vai permanecer nessa UTI sob uma luz amarela. Seu corpo é moldado e se sente uma energia de ressurreição. A energia rubi chega para fazer o encerramento e age como se fechasse uma torneira. Energia elevadíssima alimenta sua alma que se fortalece, os corpos se entrelaçam e se realinham.

CURAS NUM OUTRO PLANETA

Estão presentes entidades espirituais que nos recebem. Vemos uma grande sala com aparelhos que nos lembram coisas do passado. No ambiente prevalece muito luz azul. Há um arquivo de imagens, de filmes, em um grande computador. Imotepe está presente.

Tratamento

Todo nosso grupo está sentado num banco, um ao lado do outro. Vemos aparelhos que se parecem com os de "raio x", que diagnosticam o que houver de errado em cada ponto, nas costas, nos ossos, na bacia, na cabeça. Ao passar pela paciente, essa máquina informa o diagnóstico para outra máquina maior e as duas trabalham de forma integrada. Retiram da paciente uma mecha de cabelo, coletam sua saliva e lhe picam o dedo para coletar uma gota de sangue. Essas amostras são colocadas num aparelho prata, espelhado e as amostras são analisadas.

O aparelho gira e revela a história do passado dessa mulher. Essa história compactada é armazenada em pequenos vidros, como ampolas de injeção. O conteúdo das ampolas será utilizado para seu próprio tratamento. A paciente continua sentada. Sobre sua cabeça há uma luz e atrás dela há um aparelho que oscila de cima para baixo. Estão tratando a bacia.

Tudo de bom que viveu será usado para recuperar os males e recompor suas energias. É como um tratamento com células tronco emocionais. Termina de encher as ampolas e passa um filme com as importantes cenas da sua vida, como o nascimento dos filhos, muito fortes. Com a limpeza, um peso vai sendo retirado e a preparam para desconectar. Ela parece mais leve. Colocam-na numa cadeira reclinável para relaxar.

Em todos que foram tratados, injetaram no pescoço o conteúdo das ampolas, e assim encerrou-se o procedimento.

O aparelho de "raio-x" examina abdômen e cardíaco, retiram amostra de saliva, sangue e cabelo, exatamente como na paciente anterior, produzem as ampolas e posicionam sobre a cabeça um capacete e atrás da paciente o aparelho oscila para baixo e para cima, ativando as energias internas do corpo físico e causa uma sensação de adensamento do corpo físico. A ampola vai sendo preenchida com gotas multicoloridas e a injeção é aplicada no coração, na carótida, no umbigo e diretamente na circulação, enquanto isso em seu subconsciente passa o filme da sua história. Tudo isso causa um movimento muito profundo no seu inconsciente. Muito peso é liberado da sua fronte. Colocam-na numa cadeira de relaxamento até o término do trabalho. Vemos voltar o viço.

Pedimos ajuda para a Terra.

Uma réplica da Terra é acomodada dentro da máquina como se fosse um holograma, houve uma limpeza. Está passando aquele filme e colhendo tudo que era necessário, eles concentram-se muito nos polos, tanto no norte como no sul e a sensação que dá é que vai cair uma chuva, vai formando um líquido que é para os mares e rios. Estamos no passado e não no futuro. Os aparelhos são modernos e potentes, mas parecem dos anos 70, 80... Vemos que colocam tudo isso e a Terra fica sustentada dentro da máquina.

CAPELA

Preparação

O começo do trabalho é muito importante porque depende do dirigente, do grupo e das condições que podemos alcançar espiritualmente. Sentimos uma limpeza mental ajudando na elevação. Semana difícil para algumas pessoas do grupo e eles nos ajudam no restabelecimento. Tivemos primeiros socorros e tomamos medicamentos para fortalecer os corpos. Círculos fortes de energia no coronário e muita luz branca nos ajudam na elevação.

Mentores ajudam e somos envolvidos por um dourado forte como o sol. Vestidos como astronautas seguimos subindo. Eles verificaram nosso terceiro olho e assim tudo ficou mais fácil. Eles vestem roupas iguais às nossas e indicam o caminho com lanternas que focalizam muito longe. Abre-se uma gigantesca porta de cristal e nos dirigimos para uma grande sala, um espaço com muitos e grandes aparelhos. Um exército posicionado em círculos concêntricos que em seguida se rearranjam e formam um único e grande círculo. Suas cabeças parecem transparentes. Há muitos seres, distintos em forma e dimensão dos que conhecemos. Eles nos conduzem e nos incentivam a entrar para que nos sintamos acolhidos, nos dão alimentos que tomamos com a mão e colocamos na boca. Trabalham muito em nossos coronários. Pedimos pela Terra para que nos tragam "consciência". Um toque colorido, nós tocávamos e acontecia..., cada dedo tem uma cor quando toca uma mesa. A temperatura do nosso corpo é adaptada pela roupa que é própria para isso. Renova-nos e para estar bem conscientes do que irá nos beneficiar. Ouvimos notas musicais que ampliam a consciência. Saem da Terra energias escuras e ao mesmo tempo vão clareando. Querem elevar a Terra mesmo que seja um pouco. Dão um toque como nota de piano e deixam vibrando essa nota musical.

As energias vão se propagando, se expandem e atendem também pessoas. O sopro chega à Terra e a limpa. Vão soprando o mapa do Brasil. Energias em diversos tons de verde se espalham na crosta da Terra e no coração do Brasil. Uma espada inteiramente de cristal é cravada nas profundezas do país, toda uma parte do mapa é queimada. A espada faz uma separação e remove o que não serve, gira muito profundo e vai abrindo, queimando e iluminando na cor violeta. Em seguida a espada é removida e a fenda por ela aberta se fecha. A chegada dessa espada veio através de um anjo, mais seres vieram para auxiliar em todo o Brasil. Ao final, enrolaram o mapa, e ao mesmo tempo em que retiraram dele uma serpente, o mapa se explodiu.

Tratamento

Enxergamos um grande microfone, alguém fala e ouvimos um eco. A pessoa emite mentalmente o que a aflige. Há várias mochilas em suas costas, eles vão tirando uma a uma. Uma espiral de vento, como um ciclone, vai limpando e removendo todo o peso. Nas costas há um ferimento que não é dela. Então, ela fica suspensa nesse lugar. Está com ela o seu mentor. Tem também a energia de amor e luz verde. Na região pulmonar vemos colocar remédio, algo como um emplastro de mentruz. Eles a trazem para mais perto dela mesma. Um creme rosado, bem pastoso, é aplicado nas pernas e joelhos. Permanece muita luz verde direcionada às suas costas. Haviam entidades femininas trabalhando com as mãos, dedilhando como se fosse uma harpa, criando uma energia gelatinosa, trabalham a cabeça, o cardíaco e costas, seu corpo libera calor. Um aparelho posicionado sobre sua cabeça traz lucidez. Deixam no mental e no cardíaco uma faixa como se fosse um curativo.

Seguem trabalhando no mesmo caso. Vão limpando o ego do que ela falou, limpando o que provocou aquelas palavras. No passado houve uma guerra de poder e foram desmoronando um castelo, uma ilusão... O pai apareceu e trabalharam para que ele também se acalmasse, há neles arrependimento. Entidades de muito amor dão um banho de luz no corpo físico da mulher. O passado machucou muito seus corpos. Ela foi inteiramente lavada e o ego de suas palavras mentais não pode mais ser ouvido. Removeram poderes negativos. Ela briga, mas deseja um carinho da mãe. Recebe luzes azul e rosa, se aconchega no colo da mãe. Tem limpas as têmporas e o coração. No passado lutaram por poder, ela e a mãe. Então, fortaleceram a aura, os corpos liberaram muito calor pela cabeça e no seu lugar colocaram energia fresca. Limpam os seus olhos e toda energia do tratamento é absorvida por seus poros, seu corpo flutua. Uma luz penetra no seu corpo e arranca de lá algumas coisas. Ela é colocada em uma cama e é ninada como uma criança. Ela sente que "está tudo bem".

Ele chegou nesse sol falando. Uma energia rosa penetrou na sua circulação. Seu emocional estava fora e distante. O iluminam e com isso podemos ver um de costas para o outro, em negação. Corpo mental e emocional são colocados frente a frente como para uma conversa. Sua postura aos poucos se transforma, como se começasse a entender. Uma luz resgata esse seu corpo de dentro de um poço. Ao chegar, as veias do braço estavam muito inchadas e gradativamente voltavam ao normal. Na aura vemos uma energia dourada que o deixa mais firme e blindado. Uma luz aproxima-se do homem e ele tenta se esconder. Um mentor se aproxima e o acalma. Ele tem medo daquela claridade. Uma explosão de luz vai soltando correntes das suas mãos e dos seus pés, seu ser quer se libertar. Vozes falam para não obedecer e querem puxá-lo para trás. Uma grande luz na sua aura, um dourado sobe pelo coronário fazendo uma explosão em todos os corpos. Ele chora pela libertação.

Percebemos que no começo do tratamento um obsessor cármico que será doutrinado pelo exemplo da mulher e que posteriormente será retirado, quando ela aprender a lição. O plano maior está cuidando. Ela colocou alguém na cadeira, trancou e está com a chave na mão. A luz violeta gira forte, abrindo suas mãos para soltar a chave da prisão. Há uma energia de "furacão" a sua volta que começa a fluir lentamente, pois está travada pela energia densa da mulher. Pouco a pouco ganha velocidade. Há uma espada cortando dela mesma tudo isso. O carma foi de muita raiva, de desforra. Explosão de luz libertando o preso. A prisão desintegrou-se. Vemos um buraco no coração da mulher depois da libertação que vai sendo preenchido com luzes branca e rosa. Ele também vai ficar amparado. Os corpos ficam energizados com dourado e verde, pelas lutas sofridas.

Ele e a entidade parecem gêmeos. Não falta muito para essa libertação. Quando passar um pouco ele vai fazer a entrega. Aos poucos a entidade fica pequena e o homem cresce e se sobrepõe à ela que só quer maltratar ou aprender junto. Uma ripa de madeira é retirada de dentro do homem que desfalece. Era alguém que só queria sua sabedoria. Ele consegue se libertar e está se fortalecendo. Parece-nos que adoece para ter uma trégua. Nas aulas que dá sua energia é roubada e o cansaço leva para o campo negativo. O mentor o ajuda fazendo um círculo que o protege e massageia seu laríngeo. Ele é levado para se fortalecer, para uma mata muito verde, pisando em folhas como um forte e o bom cheiro de mato. Ele é um ser de muita força e está se exercitando aos poucos.

Trabalhando nela como adulta e na sua criança ao mesmo tempo, estavam invadindo sua cabeça. Médicos espirituais controlam essa parte, círculos fortes vão fazendo rotação acelerando chacras e a cabeça onde colocam energia rosa. A vemos bem firme e limpa. Lembranças de infância. Deixam proteção na cabeça para não ter invasão. Tudo de bom pode acontecer.

Tratamento para o Centro

Aparece seu portão escuro e está havendo bombardeio para retirar esse acúmulo de energias negativas. Uma rede escura foi puxada e desintegrada. Fachos de luz nos trabalhos espirituais.

NOVAMENTE PLANETA DE CURA

Fomos levados pelos mentores para um planeta que se abre para nós, e dentro dele sentimentos que fazem crescer nossos corpos. A energia encontra pontos escuros que são retirados. Vemos uma mesa com triângulos e figuras, tabelas de fórmulas, como as de química e também energias que penetram e acabam se dissolvendo. Modificam e moldam as células. Há uma máquina que mapeia o corpo da pessoa em tratamento. Faz uma leitura, localiza o problema e cura. Tudo é muito rápido.

Tratamento

Passa pela cabeça do doente uma tela que se move e mostra que secou tudo. Surgem vários desenhos e também o desgaste dessa pessoa. Projetam numa parede e fazem desenhos mostrando muitos pontos minúsculos, tratam todos os sistemas do seu organismo. Há pontos muito pequenos no coração, tão pequeninos que não dá para ver o que foi feito, mas limpam tudo. Foi tratada e renovada a parte respiratória, o cardíaco e a parte óssea.

Tratamento

A máquina começa o mapeamento pela cabeça. Do cérebro é retirado um acúmulo, puxa e limpa. Ela detecta pontos internos, vemos entre a bacia e o ciático um desgaste, no quadril e na parte óssea. Equilibra os braços, puxam da nuca que parece dura, suga e some no ar o que é retirado. No gástrico, um círculo está retirando e trabalhando, pois estava fraco e sem força.

Na tela podemos ver a máquina passando e mostrando a musculatura flácida e acúmulos nos corpos. O corpo começa a mostrar movimento e a trabalhar normalmente. A parte gástrica retoma sua energia e sai do seu estado limitado. Foi deixado energia azul fechando tudo sem os acúmulos que tinham antes do tratamento.

NETUNO

Preparação

O Plano Espiritual foi nos envolvendo, até ficarmos numa bolha, vestidos com uma roupa que lembra a de um astronauta. A energia nos vai aliviando o frontal e preparando nossos corpos. Uma nave nos aguardava e um grande grupo da Fraternidade foi conosco. A nave é como um tubo transparente que segue dando voltas. Trabalharam muito nas nossas cabeças. Chegamos e vimos uma sala ampla, como uma sala de aula. Alguém do grupo reconhece que já esteve lá.

Há uma energia meio gelatinosa, em todos os lugares. Nossos coronários sobem mais e notamos a aparência do lugar se transformar, vemos flores, a imagem é muito bonita. Sentamos e a energia que circulava por nossa cabeça, seguia provocando transformações. Estamos numa praça iluminada. Pedimos para sermos levados a um templo e seguimos sentindo que ainda recebemos energias que se movimentam nos nossos corpos, querem aumentar a percepção, expandir a aura. Muita energia penetra nos nossos olhos. Inicia um trabalho com uma fumaça que entra pelo coronário. Podemos ver todos os fios que aparecem, embrulhados e enredados. Nossos olhos estão sendo examinados e calibrados. Não aparecem entidades.

A energia continua se movimentando numa espiral. Cabeça, coronário, nuca ... tudo é limpo e organizado. A energia entra pelo nariz e sobe até a testa, onde se abre em algumas pétalas. Trabalham nosso corpo espiritual, aguçando a consciência para maior receptividade. O tratamento de hoje vai ser no terceiro olho. Pedimos auxílio para uma pessoa.

Tratamento

Uma energia como raios elétricos entra pelo terceiro olho. O trabalho começa dando a impressão de que tivessem cortado o topo da cabeça. Da pineal descem fios e uma névoa, como bálsamo, vão se desembaraçando, dando mais vida. A névoa percorre os olhos e todos os chacras. Trabalham embaixo do coronário, onde vários fios parecem formar um sistema nervoso. Passam gel e uma fumaça verde clarinha e os fios vão alternando suas espessuras, até ficarem todos iguais. Uma densa fumaça branca como gelo seco envolve todo corpo e impede a perda de energia. Tiram da memória coisas ali guardadas. Uma luz maior ilumina tudo acima do coronário, que percebemos ser o centro elétrico do sistema. Os raios chegam ao frontal fechando um circuito.

Uma energia entra pelo laríngeo, circula por todo o eixo da coluna e sai pelas costas. Outra carga energética percorre os ombros e calibra suas funções. O coronário se abre em pétalas de luz, como uma flor de lótus. Os ossos são também energizados e recompostos. Energia dourada circula na cabeça, penetra e some. Resta uma fita ou um traço de dourado, que circunda a fronte e toda a cabeça. Terminando explode no coronário e finaliza o tratamento.

Fios conectados em todos os dedos das mãos, dos pés e no centro da cabeça. Círculos de luz passam pelas costas, distensionam a nuca e livram as costas de muito peso, de tal forma que nos parece ter diminuído, como se o inchaço de uma inflamação tivesse desaparecido. Todo o corpo está sendo tratado. Os calcanhares recebem atenção especial. O peito vai se abrindo e percebemos um grande alívio. Retomam o trabalho na nuca porque alguns fios se perderam e foram para outros chacras. Um chuveiro de energia entra pelo frontal como esguichos de luz. A nuca é fechada e se encerra o tratamento.

NOVO PLANETA VISITADO

Preparação do grupo

Sensação de mãe. Energia de mansidão. Entrega. Amor.

Mostram-nos como vamos passar pelo caminho que nos foi preparado para hoje, que se alarga sob uma energia dourada. Nos elevamos e ao chegar pedimos permissão para entrar.

Portas se abrem e como se levitássemos adentramos nesse outro plano. Alguém faz registros da nossa presença e nos conduz a um aparelho, fundamental no tratamento de cura. Percebemos que todos os corpos podem ser curados e restaurados. Cada um de nós terá a mesma experiência.

Focalizados numa tela, começamos.

Tratamento

O aparelho que temos nos olhos nos permite ver, pela tela, o tratamento a que somos submetidos. Uma máquina se abre desde a nossa fronte, trabalha nos ouvidos, no laríngeo e na nuca. Faz reparos, descomprime nervos, distensiona músculos, incrementa o fluxo de energia do terceiro olho, do coronário, dos neurotransmissores e das vias aéreas.

Uma energia verde circula, ajusta-se à temperatura do corpo e experimentamos uma sensação de frescor. Todo o tratamento é anotado em fichas e rigorosamente controlado por um responsável.

Do coronário giram energias que atuam sobre nosso sistema ósseo, removendo desgastes causados pelo tempo, lubrificando todo o tecido. Essa modificação na energia circulante no nosso corpo tirou o desânimo. Houve grande trabalho nas válvulas do coração, o que causou a sensação de total renovação muscular, de revigoramento. Forte energia de ectoplasma que em alta rotação vai gerando uma pseudo matéria que preenche buracos e que resulta num novo coração.

Somos selados por uma intensa energia rosa que se traduz numa bolha que nos isola de interferências externas e nos protege de toda negatividade que possa nos prejudicar.

Termina o tratamento.

OUTRO PLANETA

Preparação

Uma luz fria veio de cima, muito forte e formou uma cúpula sobre nós. Ficou cada vez mais forte. Essa cúpula de fios de luz forma uma proteção em nossa volta e separa energia mais sutil que de tão forte e pura, precisa ser filtrada. É um planeta diferente, difícil de chegar, um lugar de muita proteção e muito afastado. É necessário subir muito.

A energia branca nos une. Inicialmente retiram cascas que se encontram aderidas aos nossos corpos. Mentores querem que sintamos a energia que trabalha muito na cabeça, na nuca e no coronário. Muita energia azul nos invade para dirimir as dúvidas. Sentimos abrir um buraco em cima da cabeça e no frontal, fica enorme. É tudo muito forte, como se estivéssemos recebendo um arquivo repleto de conhecimento e não tivéssemos estrutura nem condições para isso, mas tudo foi possível.

Vestimos uma roupagem como a de astronauta. Há energia forte como fogo e também o magnetismo atrai o grupo. Em volta dessa cúpula, nós não nos sentimos soltos. A energia trabalha como um maçarico, há faíscas e fogo. Essa proteção se parece com uma gaiola de luz que foi se fechando até formar essa cúpula prateada, em seu centro tem uma sala de comando. De fora não somos visíveis, mas do seu interior temos uma visão total do que está fora. Energia de amor envolve a todos e nossa sensibilidade é ampliada. Tudo é visto em amplas dimensões. É mesmo uma energia muito forte que precisa ser filtrada e contida.

Há uma mesa redonda, cabines e estamos no meio. Uma irradiação nos mantém seguros para não sairmos do lugar. Energias nos envolve a cabeça desde o alto. No centro há um triângulo, com cúpula menor, estamos projetados lá dentro. No interior dessa cúpula tem uma pirâmide e fomos puxados para ela. Pedimos para fazer uma experiência de trabalho.

Tratamento

A pessoa foi absorvida para dentro da pirâmide, surge uma energia em forma de gelatina, transparente e muito forte. Não são parecidos conosco. Eles não devem se misturar e ficam do lado de fora. Do doente tiram capas de energias escuras. O uso do gel frio tira o medo e remove os pesadelos. Seguem removendo capas escuras, mas tudo será apagado.

O tratamento aplicado na paciente volta no tempo e ela parece estar em posição fetal. Segue recuando na sua forma e desaparece até se reduzir a uma célula. Não vemos nada, mas sentimos que está sendo limpo um caminho longo. Não percebemos claramente se por raios ou círculos de luz, mas todos os corpos são limpos. Lentamente reaparece seu fio ligado ao físico e esse corpo ressurge renovado.

Sobre o terceiro olho da paciente é posicionado um tubo. Há uma máquina como uma centrífuga que com fortes movimentos de rotação vai extraindo do interior toda a carga acumulada.

A mulher se aproxima com livros nas mãos que parecem retratar vidas passadas. Ela entra na máquina com os livros e imediatamente eles desaparecem. Esse equipamento faz movimentos e vai sugando o acúmulo de todas as vidas, visitando vidas cada vez mais antigas, até que também a conduz à condição fetal.

As energias deste planeta têm propriedades que permitem esquecer o passado, pessoas e coisas, simplesmente apagam os registros. Durante o processo se observa a eliminação das massas esféricas e teias de fios. Ao final, a rotação diminui, reaparece o fio de prata e seu corpo físico começa a ser refeito.

Acabando a cura, desaparece o gel que vimos no começo do tratamento e algo é liberado da cabeça. Os livros reaparecem diferentes e impregnados de nova energia, todos trazem na capa uma pirâmide.

Este planeta que pode ser Mercúrio, tem energia muito forte.

O próximo a ser tratado é um pai que vem com o filho e juntos entram na pirâmide. Temos a sensação que ao entrar, se igualaram no tempo, o filho com aparência bem mais velha. Este filho precisa calibrar sua energia vital e o tratamento vai trazer jovialidade a ele. Em suas cabeças fazem um grande trabalho, assim como no mental.

Primeiro vemos o filho rompendo a placenta aos 6 meses de gestação e se repete com ele o mesmo processo que observamos nos outros tratamentos. O pai recebe energias da cor azul clara e o filho faz refazimento em toda sua aura. O primeiro a desaparecer é o filho, o pai demora mais tempo. Volta o pai e vai crescendo, e só quando atinge uma determinada idade o filho aparece. Saem os dois recompostos em seus corpos físicos originais. O filho seguirá crescendo e reposicionando sua energia de adolescente. Ambos precisam de uma reestruturação.

Uma mulher entra para o tratamento e percebemos que saem fios de sua aura. Quando a colocam na pirâmide, ela fica grudada na cúpula. Sua aura se abre e sai dela algo escuro que vai sendo imediatamente desintegrado. Descarta-se tudo que não serve. Já a vemos como um feto. Haverá um grande refazimento em sua aura, retirando memórias e removendo cicatrizes. Ao desaparecer, sentimos que lhe pesa a cabeça. A centrífuga segue girando, extraindo energias e ao mesmo tempo repondo, desligando fios que a prenderam em outras vidas, até mesmo fora da Terra. Resta visível apenas seu coração, que apresenta uma marca que destaca o que precisa ser curado. Ao retornar do processo de regressão, seu coração está limpo. A marca do tiro ou da facada que a matou um dia, se traduziu em uma sensação de saudade eterna que ela carregou por toda a existência. Ela volta banhada de muita luz, sua energia vital acelera e faz brotar uma flor de lótus branca em seu coração.

Tratamento

O processo inicia sempre igual. A centrífuga foi passando, a paciente foi buscar uma joia perdida. Achou, mas veio cheio de lama junto com um corpo de criança. Começou a estimular muito o que estava na cabeça. A joia foi se limpando e a criança foi crescendo, esse processo acontece dentro da centrífuga. Entrou também uma casa, paredes, teto, tudo foi levado para dentro dessa centrífuga e foram desfeitos. Essa joia ela colocou no peito e preencherá algo que lhe faltava no seu coração. Como se fosse um momento de reflexão, sente que agora voltou para "casa". Os corpos ficaram grandes, músculos fortalecidos, foram provas para subir um degrau. Houve uma calibragem na sua força e tudo ficou mais claro. Colocaram no frontal algo como uma moeda para proteger o que ela vê espiritualmente, tudo para chegar a conclusões certas. Conforme a centrífuga funcionava, fios foram sendo retirados do doente, suas pernas estavam muito pesadas e dentro delas havia algo endurecido. Este homem entra na pirâmide aparentando ser muito mais velho e sai da centrífuga aliviado de todo o peso que carregava nas costas. Foi uma grande purificação. Com o falecimento do pai, jogaram nele muita negatividade, desejaram que isso pesasse muito para ele, com o intuito de lhe fazer mal.

Durante o processo saíram coisas que não eram dele e esse corpo recuperou a naturalidade. A centrífuga vai girando, passando pelo coronário, limpando vidas que já deram a ele sabedoria. Em algum momento errou e agora tudo vai ser devolvido para ele. Notamos a placenta com muita abertura, uma fenda. Seu coronário é muito puxado para o alto. O chacra laríngeo é destruído e depois refeito. Um corpo dele está inconsciente ou adormecido, e será devolvido. Colocam nele uma roupa branca, com isso ajudará a tomar mais consciência.

Quando saem os fios do lado de fora se vê energias como faíscas de pólvora, dá impressão que o que está sendo realizado, está sendo feito em outro planeta. O trabalho agora é grande. Estão sendo tratadas várias coisas, várias vidas de doenças que foram limpas e agora está tudo sanado. Volta maior como feto. Foram calibradas as energias que há em volta dos corpos, o fortalecendo. Retorna com muita alegria, com os olhos abertos, lúcidos, acompanhando e vendo tudo.

PLANETA ROSA

Preparação.

Com o grupo bem fortalecido, o dirigente pediu aos mentores sua proteção e energia.

Uma equipe grande de cientistas presentes vem para observar o trabalho. Entramos e encontramos a energia que é de muito amor, cor-de-rosa e fica pulsando... É uma energia que pode ser moldada e modificada.

As palavras parecem sair de um coração e também pelo coração a energia deste planeta deve entrar em nós.

Tratamento

A pessoa, dentro de um globo de luz, permanece de pé e começa a absorver pelo peito uma energia de cor rubi forte, que vai percorrendo todo o seu corpo físico limpando onde houver qualquer resistência à sua passagem.

Conforme isso acontece, percebemos seu corpo flutuar. A cura recebida é física, mental e espiritual. Do intestino é absorvido e removido o trabalho feito.

Tudo foi puxado para fora e nenhum dano foi causado, não restando risco de obstrução. O intestino que estava fino e gasto foi recomposto e assumiu um tom verde muito claro. Foi curado.

Tratamento

O jovem abre os braços e começa a receber energia rosa forte que entra pelos pés e pernas e sobe percorrendo todo o corpo, o aquecendo. Penetra intensamente pelo peito e igualmente vai limpando e removendo as impurezas internas.

A energia sai do corpo carregada negativamente e é sugada para um túnel. O espaço aberto é preenchido pela energia limpa, renovada, que o completa como o abraço de um pai.

O jovem se fortalece e é conduzido ao túnel e conectado a uma cápsula. Sua cabeça se livra de memórias acumuladas, da tristeza guardada e da negatividade que o adoecia.

Tudo é desintegrado, o passado é limpo e ele volta para a vida com alegria renovada.

A experiência trouxe para ele revelações de vidas ligadas à ciência e a grandes descobertas. Ele sente alegria de voltar para casa, com muito dourado. Tratamento encerrado.

PLANETA DE CRISTAIS

Dentro de uma extensa preparação até que a energia do grupo de três pessoas estivesse elevada, fomos sentindo a presença de outras entidades que nos impulsionavam. O trabalho de hoje pode ser no planeta onde há limpeza cármica, cura de tristezas, solidão... A sensação é de alegria, limpeza da alma.

Recebemos na subida uma luz do sol que aparece muito forte. As vestimentas já tinham sido trocadas para sermos levados. Nosso laríngeo vai sendo moldado com água. Pode ser a preparação da subida da Kundalini no centro de força de cada um. Círculos de algo nutritivo no laríngeo. Vemos mentores, entre eles Imotepe. Já nos encontramos no local de onde vamos ser levados. Estamos aptos. Já subindo e deixando a atmosfera mais pesada da Terra.

Temos dois pontos onde podemos ir e os mentores escolheram um novo planeta com muito verde e que também tem cristais. A energia ligada é a sabedoria. Vamos aprender sobre curas. Esse planeta é novo para nós. Existirão curas com aparelhos, com entidades presentes que vão trabalhar num lugar parecido com o hospital e tem vários departamentos, muitos seres que parecem médicos e auxiliares.

Sentimos energia fria, há muito branco. É do plano socorrista para curas, o lugar para onde fomos levados. Há muito para ser mostrado. Irão nos ensinar e mostrar pontos que devem ser corrigidos. A cor é branca e verde.

Existiam mapas, então começamos ajudando a Terra. O nosso planeta foi mostrado na tela e aparelhos vão trabalhando em toda a sua dimensão. A energia se movimenta em aparelhos muito fininhos, pequenos, bem flexíveis, como se fossem emissores de laser, mas não sabemos de que tipo são esses raios.

Vibrações vão percorrendo a Terra e tratando aberturas, curando, cicatrizando e fechando-as. O aparelhinho produz redemoinhos por fora e por dentro da Terra como o pião, girando a toda velocidade. Segue mudando tudo com energia muito amarela na parte mental da Terra, a alimentando para que haja evolução. Está corrigindo percurso, como se recolocasse a humanidade de volta ao caminho correto. Nutri profundamente a parte mental do nosso globo e vemos como se o coronário da Terra estivesse totalmente aberto. Finaliza com energia branca. O tratamento trará à humanidade mais esperança e maior união. Término.

Tratamento

Um círculo de luz envolve a pessoa e abre bem seu coronário, que absorve esse dourado e amarelo na sua parte mental. Eles estão observando e veem que ela está com os ossos muito melhores nesse tratamento, ficaram mais fortes.

Através de uma tela, observamos um aparelho que verifica a sua parte emocional, bem mais fortalecida. O chacra do coronário vai absorvendo essa energia amarela.

O tratamento finaliza com muita energia branca.

Tratamento

O mesmo começo do procedimento anterior. Olham a parte dos ossos, os veem fracos e se ocupam em fortalecer essa parte. Verificam e advertem para que cuide mais do físico ou pode se desligar dele. O foco são os ossos da coluna e das pernas que se mostram muito pequenas para o tamanho do corpo, estão colocando numa cabine como se fosse um forno quente.

Repetem seu nome ao seu ouvido, como uma solução necessária para integrar sua energia, e reanimar seus corpos. Trabalham o duplo etérico, montando as partes das pernas como se fossem enxertos e restabelecendo a coluna. Tudo precisa estar fortalecido para energia Kundalini subir os chacras.

Há energia percorrendo a coluna é uma energia vermelha, irradiada para os ossos, os revigora. Também com energia laranja trabalham em toda estrutura óssea e a pessoa agora entrega suas muletas. Existe um envolvimento de energia bem forte no peito, no coronário, e o nome dela fica ecoando. Querem que as energias subam sem parar em nenhum ponto, e isso acontece, a vemos subir. Elevou-se circulando por toda a coluna, pelo centro de força, para o físico, e todas as células vão ascendendo. Os chacras, as pétalas do coronário estão recebendo aquela força amarela.

Novamente o trabalho se conclui com a energia branca.

Tratamento

Outra pessoa na tela onde presenciamos os tratamentos.

Desce sempre essa energia de tom amarelo bem forte. Ele está recebendo energia para armazenar, como um dínamo, o fortalecendo. Estão fazendo ajustes como se fosse relógio, atualizando seu ritmo.

Olham o coronário equilibrando-o, passam pelo cardíaco proporcionando a ele um pouco mais de tranquilidade no emocional. Está surgindo para ele através do seu passado, onde obteve conquistas, coisas boas, de carma bom, da época em que foi fransciscano, acrescentaram essa energia. Isso fortalece o caminho que deve percorrer. O cardíaco fica no dourado e ficando com essa força e nesse ponto não vai precisar de muito esforço para realizar suas tarefas. Energia de abastecimento.

Termina o tratamento com a cor branca.

Tratamento

Outra pessoa na tela. Entra uma força que alimenta o espírito, a centelha, abastece tudo. Alimenta e passa por dentro e por fora dela, numa intensidade muito grande, ajustando seu coronário, músculos e ossos puxando para ficar reto, na cabeça e no coronário faz um giro de luz bem forte, preenche tudo que estava vazio, inclusive o peito. Terminou com branco.

PLANETA CEFIOS

Preparação do trabalho

Uma luz nos transporta e nos eleva. Uma constelação em miniatura é colocada em nossos coronários. Uma projeção nos leva ao portal. O plano se abre e entramos. Um pouco distante vemos um planeta branco. Várias portas se abrem em folhas duplas, como se fossem portões, e passamos por eles. Não sabemos se é intra ou extraterreno. Nossos coronários são puxados. Sentimos outra realidade, há uma capa de acrílico em cada um de nós. Uma espécie de lustre muito grande segue trabalhando no coronário de todos. Parece ser a parte principal desse lugar. Vê-se abrir uma bolha de uma matéria fluida como de sabão ou plástico, de cor ferrugem, laranja e branco, com várias conexões. Ao simples toque no ponto específico, toda uma cena se abre.

A pedra fundamental da Colônia Espírita Alvorada. A fundadora bem mais nova, o terreno todo vazio e ela olhando tudo, vê um raio ali se subdividindo em vários raios pequenininhos que iluminam todas as pessoas que trabalharão e farão neste lugar um lindo trabalho com crianças. A luz iluminou tudo e todos os que passaram por lá, e isso interligou tudo como se fosse uma tela. Raios entram no coronário de todos e fazem um equilíbrio diferente, como se nossos corpos fossem uma artéria de algo mais.

Estamos olhando tudo o que a fundadora fez, como um filme, como se tudo estivesse perfeito e encaixado, só que de trás para frente. Era o que tinha que ser feito. Aquela atitude, aquele chamamento, se transformou numa grande história de várias vidas. A história da fundadora estava ali, o capítulo mais importante, tudo o que ela lutou e o quanto se transformou com isso. Grávida, teve seu filho como motivador, foi o grande sentido da sua vida. Cada um de nós tem um eixo, um ponto central e isso dá sentido para tudo, para seguir em frente. Sentimos que esse trabalho foi para salientar todos os méritos. A tela foi encolhendo e ficou algo pequeno almofadado, cor laranja e azul escuro de bordas azuladas como neon, um botão vivo que foi preso na roupa dela, como broche, com pétalas como uma flor. Vai ser carregado na roupa, junto ao peito. Há uma força entrando no seu coração.

O trabalho segue no coronário que se volta inteiramente para cima. Sentimos que tudo tem relação com os caminhos que percorremos. Esses caminhos agora se mostram desobstruídos.

Tratamento

Olhando nossas cabeças, é como se tivessem transformado nosso cérebro em uma placa, não com a forma de um cérebro. É muito complexo. Cada um de nós tem ligações com uma linhagem, um mentor ou um mestre. Das placas cerebrais saem luzes ou pulsos luminosos que fazem ligações entre si e também com os planos pelos quais são sustentados. Observa-se uma intensa atividade elétrica. Cada um de nós deixa o tratamento com um aparelho na mão, que se parece com um GPS na cor violeta, e vai nos capacitar para ajudar a Terra e aos outros.

Ondas de diferentes cores, oriundas da cada mestre, percorrem as cabeças e ao penetrar se tornam brancas. O mesmo trabalho do começo foi feito com todos os presentes, é uma nova programação. Energia violeta, uma fumaça desce de um lustre e nos sustenta, nos provoca uma sensação de descanso. Esse trabalho marcou um momento especial em nossas vidas.

PLANETA BRANCO

Preparação

Há mentores presentes, desce um caudal de energia cor-de-rosa no coronário do grupo e também irradia para o coração.

Na elevação dos trabalhos foram se desligando fios e o grupo fica mais leve, os coronários vão sendo envolvidos ao encontro dessa luz. Uma luz como um raio veio na forma de uma pomba. A sensação é de paz, vê-se um monumento grande e branco disseminando luz, não vemos entidades no local. Quando abriu-se o plano, entramos. O local é oval, muito grande e todo da cor branca. Além desse raio de luz que fica no teto, desce do plano essa cor que nos envolve. Toda a cúpula acompanha o mentor que se apresenta e sentimos também a presença do Venerável Razin. Eles querem nos fortalecer. Somos levados a um local onde há muitas entidades: trabalhadores, discípulos e os que estão empenhados em ajudar a Terra. Todos recebem uma lamparina. Mostram um local muito iluminado e a energia é de força, como uma gruta sagrada. Havia um livro muito grande e todos os presentes assinaram, ficando registrada a reunião. Quando uma entidade de muita luz falava, a voz ecoava. Vê-se Imotepe, os Três Reis Magos, e o Comandante Armond, eles estão ajudando e equilibrando os quatro pontos da Terra. Está havendo uma aliança, e cada vez que ajudamos nosso planeta, a base dele se eleva porque soltam energias que nele estão aderidas.

Energia do sol se projeta na parte mais profunda da Terra; desce um plano muito elevado e notamos um raio de luz branca do Espírito Santo. Testemunhamos um grande lençol branco que envolve a Terra, e com isso se desintegra todo o negativo existente, como se fossem "raízes" arrancadas para evitar graves problemas futuros na Terra. Cauterizando essa parte de onde tudo foi arrancado, há uma interferência de misericórdia no Plano Maior. Agora todos voltam para essa sala, músicas e cores dão a entender que a programação foi realizada.

Tratamento

Já estamos em outra sala, não tem teto, a pessoa deita como se fosse no aparelho de "raio-x". Começa com o raio branco que vai direto nos olhos, coração, vai descendo, e conforme o lugar onde passa, ele limpa tudo. Inicia do alto da cabeça e desce pelo corpo, faz uma força no peito e chega à centelha. A doente vai se soltando e fica relaxada nessa luz.

Encontram um ponto escuro e a energia para e faz o trabalho de purificação, notamos entidades femininas aparenta ser de uma época antiga. Elas trabalham nos pés da pessoa, cuidam da cabeça, libertando-a profundamente. Essa energia volta e se fixa no coronário, há um grande trabalho nos olhos. As pétalas do cardíaco se abrem depois que uma luz muito forte entra e retira um ponto escuro, e este fica bem iluminado. Ela se senta e equilibram suas energias alinhando os chacras.

Tratamento

O começo é igual: a pessoa se deita e um holofote branco passa bem no alto da cabeça, pelos olhos, no aparelho respiratório, na boca, na garganta, no coração, em todos os órgãos internos e para na altura da cintura, na artéria do ventre. Entidades femininas olham esse local e trabalham mentalmente. As energias descem pelas duas pernas e sua circulação; depois param nos pés e mostram os dois calcanhares, depois pelo ventre, nos órgãos internos, fazem ajustes e fortalecem a musculatura.

Sentada agora, trabalham nas costas e pulmões; as entidades fazem massagem e retiram um ponto escuro do pulmão. Continua energia no peito, garganta, boca e dentes e vai preenchendo toda a cabeça por dentro de energia branca, que entra na cabeça como um "algodão" que passa e limpa tudo.

Da cabeça vê-se um pouco congestionado: um fluído de cor branca penetra e limpa cada pétala do coronário. Há sensação de paz profunda e abertura de consciência. Os chacras foram alinhados.

PLANETA SATURNO

Preparação do grupo. Nossos corpos devem ficar bem leves. Acompanhamos o dirigente que faz a prece das Fraternidades se unindo com a Cúpula do trabalho e impulsionando os integrantes a deixarem toda a preocupação aos pés do Mestre e somente se preocuparem no trabalho a ser realizado.

É tudo uma programação. Indicando que podemos iniciar, começamos a gravitar, elevando-nos, e estamos bem unidos. Estamos em uma nave, em uma velocidade muito rápida, logo chegamos. É um planeta azul, círculos sem fim dessa cor azul, é muito vasto. Entramos e pedimos que nos seja ensinado como podemos ajudar as pessoas desde esse planeta. Ouvimos a palavra registro Akáshico, ou "arquivo do tempo". Então, iniciamos o aprendizado de como podemos limpar a Terra.

Havia aparelhos emitindo" bombas cheias de luz" sobre a Terra. Algo pesado como máquinas, quando caem, imediatamente desintegram. Caem bombas coloridas, iluminam e absorvem, somem as trevas e tudo clareia. Desintegra, repara, embala, passa, diminui e amassa. Uma torre de papel se movimenta como uma esteira. De tudo resta apenas uma folha. Os registros negativos da Terra foram anulados. Agora sobre o Brasil, vemos o mesmo processo, sendo desintegrado o negativo com muitos fogos, como os de festas de fim de ano.

Tratamento

Ambiente confortável e conforme a doente entra é agasalhada. É uma jovem de uns 30 anos. Há muitos seres em volta dela, observam que ela chorava muito e então a confortam. Eles trazem várias vidas dela, uma energia entra e puxa seus sentimentos. Ela sente dor de gravidez, dor forte no ventre quando entra energia cor-de-rosa. Ela estava triste, de costas para ela mesma e com muito remorso.

Uma energia faz um grande trabalho, pega algo no laríngeo e ela se volta para ela mesmo, fica junto dela. Cessa seu tremor e é auxiliada por uma presença forte, enquanto segue recebendo muita energia rosa na região das costas. Percebemos uma energia líquida fazendo seu processo. Seus pulmões também estão sendo tratados. Ela trouxe de uma vida passada o registro de outra encarnação, não é só dessa vida. Energias limpam seu corpo, e uma, em especial, feito ectoplasma realiza grande cura.

Todo seu emocional vai se liberando de uma resistência. Seu corpo é lavado com líquido e ela não gosta, revelando que ela mesma não se perdoa. Uma freira está perto dela e vai desamarrando laços do emocional, pontos escuros também no mental e limpam até que os registros escuros sejam eliminados. Também é limpo seu frontal e seu peito. Estamos em um lugar que tem energia de amor de mãe, de misericórdia e de compreensão. A freira, ao seu lado, nos parece Santa Rita de Cássia.

A pessoa se entregou e baixou a resistência e seu trabalho acabou com a energia verde, fechando por fora com a cor rosa, num círculo único e consistente. Sua aura se mostra dourada. Ela fica no hospital, veste uma camisola longa e permanece se refazendo. Durante a semana o tratamento terá continuidade, já que ela não se mostra muito convicta. Será necessário muito esclarecimento.

Tratamento

Observamos um círculo cheio de pregos e o paciente no meio deles. Uma interferência negativa faz pesar a sua cabeça. Continuando, ele aparece preso em algum lugar e em seguida o trouxeram carregado. Ele deve se entregar. É forçado a falar o que ele ensina, colocaram nele energia cor-de-rosa e dourada que foram aos poucos penetrando em seu corpo. Apresentam vidas anteriores, de fanfarrão e de irresponsabilidades. Disso ele não se perdoou, mas há pontos positivos que ele pode observar e reconhecer. Sua cabeça e as costas foram bombardeadas e as energias negativas foram eliminadas. Seus mentores formaram um círculo e se aproximaram, estavam testando-o. Olham bem em seus olhos, que ainda revelam um pouco de resistência e um pouco de endurecimento. O tratamento vai continuar. O conhecimento nos leva à humildade. Ele precisa de calma e de se entregar à Lei. O conhecimento intelectual não é tudo. Energias cor-de-rosa e verde o envolveram e aliviaram tudo. Ele ficou com roupa de formatura.

Tratamento

Ela vai entregando a Deus o que está vivendo. Recebe energia de amor de mãe e sai pelas mãos o que ela está entregando ao Alto. Seu cardíaco vai apertando, e percebemos que ela recebe uma cirurgia no coração. Passam aparelhos em um centro cirúrgico. Depois deste procedimento, está sendo carregada, não está enxergando. Pela sua testa medem a febre. Abriram o peito, estancaram o sangue e a envolveram com energias verde e rosa. É bem acolhida e agasalhada, receitam dieta e muita cor branca. Sentirá sono.

Tratamento

Pede pelo seu filho, pelo carma que traz com o pai e também pelo marido e por ela. O filho começou a usar drogas, e motivado pelo pai agressivo, fez de pirraça. A mãe negligenciou educação espiritual, agora ela tem mais força. Um bombardeio de luz cai em cima dele, raios descem procurando limpar e ao mesmo tempo proteger. Visualizamos uma cena onde ele está diante de um precipício e a mãe o resgata. Agora o pai olha para ele depois da limpeza e o coloca no coração. Bombas de energia atingem quando ainda criança, entram na aura do pai. Uma nova criança está sendo moldada. Esse tratamento terá continuação.

Tratamento

Ela vai olhando ao seu redor e percebe junto dela muitas coisas negativas. Flechas são colocadas à sua volta, como proteção. Notamos que ela aparece caindo e alguém a segura pela mão. Ela deve se entregar a Deus para sair desse precipício. Passou energia e levou seu ex-marido.

Agora ela está embaixo de um chuveiro, abre os braços, e vemos limpar tudo até ficar com roupa clara. Raios de luz penetram em seu corpo, na cabeça, no peito e no cardíaco. Pegam suas mãos para ela soltar o drama e não ter queda espiritual. O holofote sobre ela limpa o que havia acumulado em sua cabeça. Ela mostra suas mãos amarradas, se entregando.

Aparece um obsessor que encontrou nela o médium que podia destruir seu ex-marido, se ela se vingasse. Um grande facho de luz foi puxando seu coronário, as glândulas da mediunidade que se encontravam inchadas, agora estão limpas e bem melhores. Numa cadeira até que se refaça, e uma entidade conversa com ela. No ambiente uma grande força é gerada pela gratidão das pessoas presentes. Prece e encerramento.

PLANETA VÊNUS

Fomos acelerando nossa vibração, abrindo bem o coração e atraindo nossos mentores. Demoramos uns minutos para dispor da elevação necessária, começamos a sentir uma aceleração em nossos pés nos impulsionando a subir, vimos que fomos trocando nossa roupagem e energias brancas consistentes foram nos envolvendo, vimos vários mentores na nossa frente, um deles era Melchior, um dos Reis Magos.

Pedimos mais uma vez ao mestre que nos permitisse entrar nesse plano de luz para trazer conhecimento de novas energias disponíveis para curar ou melhorar as pessoas.

Tons verdes em forma de energia foram nos envolvendo. Aparece um símbolo dourado, um candelabro, que cresce e sobe sem velas, envolvendo a todos.

A seguir sentimos um envolvimento na cabeça e nossa mediunidade ficou fortalecida. Foi se abrindo um caminho na direção de Vênus e fomos recebendo energias de refazimento, inspiração e serenidade.

Fez-se uma abertura e entramos. Quem nos recebe tem o mesmo símbolo, o candelabro dourado. Uma fumaça branca envolve nossos pés e uma força emana do candelabro e abre espaço, nos ajudando a chegar. Observamos e sentimos também que amplas portas se abrem e entidades femininas muito jovens nos recebem. Elas nos arrumam como para ir a uma festa, arrumando as costas, o coração, os ombros, limpam nosso terceiro olho e nos levam. Vimos o planeta contendo água no seu interior. Energias em movimento vão se moldando como ectoplasma. Elas passam por nós e sentimos o benefício da serenidade e da calma, há muita claridade. Apresenta-se o mentor masculino responsável pelo trabalho. Foi visto que sua especialidade é lógica. Essa energia foi mexendo na nossa parte emocional e fomos nos adequando a ela. Abaixava em formas que lembravam véus cor-de-rosa. Há cadeiras na área onde vamos observar os trabalhos. Tem um símbolo de YIN e YANG.

Vimos entidades femininas e masculinas no trabalho e elas levitam, são muito leves. Agora se voltam para a Terra no intuito de ajudar. Descem raios sobre a crosta da Terra que vão virando bolas e depois sobem com elementos de dor, que foram retirados. Tudo é levado e desintegrado. Raios e energias libertam as partes mais escuras da crosta da Terra, percebemos correntes sendo arrebentadas com raios de luz, diluindo, separando e eliminando energias compactas negativas, também vemos água em forma de energia nessa limpeza. Tivemos a sensação de energia de muito amor, que foi se aprofundando em todas as camadas da Terra.

Foram entidades femininas que deram comando para essa realização. A Terra aparece como se fosse o coração escuro, dele foram retirados fios igualmente escuros, algo como bombas foram caindo e se dissipando e depois da limpeza, raios de luz dissolveram tudo muito rápido. Depois foram mostradas as pessoas caminhando sobre a Terra liberta.

Pedimos pelo Brasil. Uma força desce estremecendo tudo e sugando em seguida tudo o que estava mexido, se assemelha a uma força magnética que desce e atrai, absorvendo muita energia pesada. Logo observamos bombas que estouram como pipoca. Sobre as camadas da Terra são lançadas energias cor-de-rosa que vão fortalecendo o planeta e o vemos ficar firme. Também as pessoas serenaram sua parte emocional. Uma entidade feminina mostra a imagem de Maria e de outras entidades muito elevadas.

Sobre Brasília se firmaram dois triângulos concêntricos. Um giro de energia muito forte aconteceu. Sugaram dois fios de energias negativas em choque, houve um estremecimento e tudo clareou, apareceu limpo. O eixo da Terra foi elevado.

Em todas as direções notamos os raios de energias douradas trabalhando para gerar equilíbrio e então, algo com um cimento foi preenchendo o que foi revolvido. Uma energia vem para baixo em movimento rápido e fecha tudo.

Depois pedimos ajuda para nossa casa de trabalho. Desceram raios em forma de choques elétricos no eixo da casa, que parecia bastante velha, antiga e edificada sobre a água estagnada. Raios implodiram a casa e se aprofundaram na terra, refazendo a construção de sua base e gradativamente acrescentavam novos e bonitos elementos. Algumas antenas e um arco-íris girando, trouxeram uma sensação de frescor e energia de força e refazimento. Ficou a área da casa envolvida em cor verde. Um sol na frente da casa, inúmeras energias coloridas envolveram tudo e deram sustentação à transformação energética obtida pelo trabalho.

Vimos um ser superior que comandava o trabalho. Percebemos médicos trabalhando. Havia crianças pequenas. Uma explosão de luz colorida no interior de cada célula da casa. Centralizando-se e recebendo força, ela estremece e se encaixa, recebendo a qualidade de se cuidar dela mesma, a casa parece flutuar.

Do dirigente do nosso grupo foram removidos pesados fardos emocionais, como uma mochila que carregava nas costas, com o registro explícito acrescentando: "nada é seu".

PLANETA DE CURAS PROFUNDAS

Preparação

Estamos prontos para o trabalho. Orientamos os doentes que vão ser tratados que fiquem receptivos e se liguem aos mentores. Abriu-se um plano de estudos. Vemos uma mesa e muitos mentores reunidos, aguardando o começo dos trabalhos. Sentimos que hoje será uma limpeza cármica, para que algo do passado se solte e permita que sua vida siga em frente. Abriu o plano da Compaixão. A luz vai entrando e vemos muitas coisas sendo puxadas. Sentimos que os Senhores do Carma estão anotando os procedimentos. Surge uma tela para a projeção na sala de registro.

Tratamento

A pessoa a ser tratada passa diante de uma máquina que avalia sua receptividade e dosa o bombardeio que vai fazer mover as energias estagnadas. É identificado um grande peso no seu coração. Algo é falado em seu ouvido, sua temperatura é equilibrada e gradativamente a pessoa se abre e fica receptiva ao tratamento. É necessário sair da centelha dela o peso de sua vida. Perdoar a todos sabendo que foi necessário para o seu crescimento. Com bombardeios de luz vão tirando agruras do coração, apagando da mente alguns registros do passado e introduzindo misericórdia em seu livro da vida. Os mentores anotam tudo. Com essa luz sai muito peso, mágoas e tristezas, tudo se desfaz e é levado por um grande redemoinho. Aconteceu uma cerimônia para Dona Rosalina. Um cetro é colocado em suas mãos, ela recebe muita força de seu mentor e percebe-se sua aura completamente fechada. Este cetro de poder foi conquistado por merecimento. Sua energia está refeita e a deixa maior e mais jovem.

Tratamento

Ela está em frente ao conselho. Sentimos descer energia azul do plano do Mestre El Morya, essa energia está relacionada com libertação, tem ligação com os pulmões. Foram projetando muita luz no seu mental, queimando o livro cármico, o que estava registrado e tudo foi apagado do passado. A atenção é para os pulmões, puxam todo o negativo. Existia aranha nas costas que foi bombardeada e desfeita, junto com seus filhotes. Aranha é símbolo do cobrador cármico de toda a sua história. Um tubo foi colocado nos pulmões e tudo foi retirado. Houve vidas em que já morreu com problemas pulmonares. Ela não vai lembrar dessa vida milenar. Um termômetro marca que já chegou na metade da limpeza. A energia branca tem a função, nesse caso, de envolver todos os fatos e colocar num grande lençol branco, incluindo outras pessoas. Os pulmões ficaram totalmente doentes com uma enorme ferida. O corpo está na área de regeneração. Pode ser que no futuro troquem os pulmões, estão resolvendo, por enquanto, ela ficará esperando essa troca. Colocam ataduras nos pulmões, é o estágio de recuperação. O procedimento será feito por etapas, estão protegidos. Cuidam também das costas. Seus corpos ficaram fortes. Como ela veio para libertar muita gente, cuidando do seu problema do fígado, também será um grande livramento. Todo esse processo foi projetado em uma tela, vimos os bombardeios e agora falta tirar o estrago que está no físico. Estão pedindo para pensar no dia em que recebeu sua caderneta de discípula, foi uma trajetória cármica, sua caderneta ficará purificada. Tem muita luz violeta e azul. Purificou a vida que provocou esse carma, na época da rainha

Esther e conforme foi limpando, limpando ... entrou na balança tudo o que realizou, os que passaram a discípulos.

No término do trabalho os médiuns voltaram em silêncio.

PLANETA DO NOSSO SISTEMA SOLAR

Preparação

Depois de estarmos prontos e adequados à subida, esperamos pelos mentores e pedimos à Imotepe para abrir o caminho. Sentimos passar por nós uma força, um vento, que num instante nos envolveu em uma cápsula de luz e já estávamos seguindo em uma nave. Chegamos ao planeta de muito amor. Estamos num grande salão e nos mostram como trabalhar. Desse lugar amplo nosso coronário sobe mais, temos muitos mentores anciões, masculinos e femininos.

A energia do local tem tons de azul muito claros e quase brancos. Eles levitam e trabalham nos nossos corpos para que se tornem mais sutis e aos poucos se adaptem à gravidade, ficando leves como os corpos das entidades. O grupo sente e se rende a essa energia que penetra em nossos corpos sob a forma de água e de algodão, na cor azul. Sentimos aroma de flores e entidades com a forma de beija-flores trabalham nossos corpos. Ainda não estamos no local de trabalho. Tudo é apenas uma adaptação e preparação. Pedimos para que trabalhem pelo Brasil, energias vão circundando o mapa, descendo lentamente, penetrando profundamente na Terra até que finalmente fecham a aura do Brasil, que se mostra como um arco-íris.

Na sala de trabalho tudo acontece automaticamente, dirigido por alguém que não vemos. Foi solicitado pelo dirigente um tratamento para uma senhora.

Tratamento

Percebemos um grande jardim carregado de energia sob a forma de flores. O corpo da doente se avoluma e está envolto nesta energia, assim, está sendo gradativamente nutrido. Todo corpo é tratado, mas especialmente a cabeça de onde vêm os fios escuros que são retirados. Continuamos e não notamos nenhuma entidade, nem quem realiza o trabalho. Em seu peito é colocado muito amor e seu corpo recebe um revestimento que a fortalece, embeleza e o torna como novo. É um tratamento de nutrição e limpeza. O ambiente traz alegria, expansão e amor, a energia dourada inunda o lugar. Ao final do tratamento, sua aura é envolvida por um arco-íris. Há muita harmonia e a sensação é de uma noiva se preparando para a boda.

Tratamento

A doente foi levada pela luz e a vemos recebendo uma limpeza por uma energia dourada que inicia em sua cabeça e vai descendo em espiral e envolvendo todo seu corpo. Após a limpeza, tratam o coração, de onde retiram tristezas e fortalecem o revestimento. À medida que o trabalho prossegue é possível sentir o aroma das flores que preenche seu corpo, refaz ligações importantes e fortalece todo sistema físico. A energia dourada, morna, segue passando. Há trabalhadores que massageiam seus braços, pernas e seu coronário se abre em pétalas. O interior de seu corpo é preenchido com uma energia verde escuro, principalmente seu peito e o terceiro olho. Nesse instante muitos tons de verde fazem girar as pétalas do frontal. Seus corpos estão prontos para serem alinhados, encaixados e centralizados. Agora todos os chacras são tratados com uma luz amarela, trabalhando nas costas, dentro das células de onde há muitos pontos a serem removidos, muita gravação será apagada. Todo peito fica iluminado. O chacra cardíaco recebeu muita luz e agora é feito o fechamento com muita luz da cor rubi. Essa cura pode ser um merecimento da vida passada. Há muita emoção. Deixaram sobre seus ombros, para sua proteção, uma faixa trançada com todas as cores. Há paz.

Tratamento

Um homem recebe tratamento em sua cabeça de onde tiram um coágulo, ao mesmo tempo em que recebe energia de muito amor e de cura. Tratam os ouvidos e tentam reposicionar uma pétala do coronário, mas ainda não é hora de completar essa etapa. O terceiro olho também é tratado e vários pontos estão sendo equilibrados. Uma luz azul muito clara ajuda a relaxar, o seu corpo se expande e se preenche de paz. Sua energia foi normalizada. Ao final, o arco-íris se fecha em proteção e força. Sobre sua cabeça deixam um turbante.

Tratamento final

Uma energia se espalha pela corrente sanguínea. Da gengiva tiram algo que tinha origem cármica. O trabalho se assemelha ao de um dentista, usam um sugador, uma luz e um pó branco cicatrizante. Toda infecção é removida. Igualmente aos outros tratamentos, seu corpo é envolvido por uma nova capa protetora, por uma energia que o envolve, equilibra e traz paz. Recebe pequenas flores sobre a cabeça e se fecha sobre ele um arco-íris.

PLANETA COM REGISTROS AKÁSHICOS

Depois da preparação e com a presença de mentores espirituais, o grupo entra no veículo redondo, iluminado e rapidamente estamos num novo local na nossa galáxia. Chegamos a um lugar de aprendizado com símbolos ligados ao tempo. Ao entrar, percebemos uma imensa biblioteca com muitos registros. Notamos uma geladeira muito grande onde guardam, o que nos parecem, embriões. Tudo está codificado. Há vários mentores masculinos e o ambiente é leve. Desejando aprender, fomos levados a um local onde existiam hologramas geométricos que flutuavam soltos no ambiente. Eram triângulos, cones e quadrados, que se entrelaçam formando energias coloridas. Num dos departamentos, observamos que cada parte do corpo humano tem um desenho que marca os centros de força por onde recebem energia. No meio do ambiente há diversos aparelhos e pedimos para ver como é o trabalho para ajudar a Terra.

A imagem da Terra é colocada embaixo dos hologramas energéticos que circulam sem parar em volta dela. Esse processo de varredura é realizado por dentro e por fora. Um triângulo detecta uma parte escura que precisa ser removida. Rapidamente um cone é acionado para atrair e desintegrar essa treva. Seguem os movimentos de formas variadas que geram diferentes energias. A cada forma corresponde uma cor: o cone é amarelo e o triângulo em tons de azul. Um quadrado cor-de-rosa desce envolvendo toda a Terra que vai sendo curada. Cada cura pode ser percebida pela mudança da coloração das energias. Há outra sala com aparelhos que podemos descrever como um enorme computador, uma entidade que comanda essa área.

Tratamento

A pessoa já está debaixo dessa luz e as formas vão girando dentro dela. O triângulo detectou algo na cabeça e no coração. Com uma pinça contida em seu interior, ele retira e desintegra o que detectou. O cone amarelo dourado gira em grande velocidade e a pessoa flutua nessa dimensão. Então, desce o quadrado com menor velocidade e aparece atrás desse local quem comanda esse movimento. A cor rosa inicia um escaneamento da cabeça aos pés. Cada parte do corpo e cada sistema do organismo é examinado. Eles já tem o resultado e conhecem as energias que nos servirão no futuro. Ela está recebendo algo para o coração. Um aparelho redondo controlará o ritmo cardíaco, e provocaram pequenos choques no coração depois de colocar o aparelho e esse procedimento está serenando a pessoa. Todos os símbolos geométricos circulam com mais facilidade. Cuidam dos olhos e finalizam com energia branca, que envolve tudo.

Na vida passada ela enfrentou um incêndio que afetou sua visão. O excesso de calor queimou seus olhos e a cegou. Começam a limpeza eliminando as lembranças do acontecido. Pegam as córneas originais, que aparecem congeladas e fazem a troca. Vê-se descer o quadrado que a envolve da cabeça até os pés. Na cabeça detectam pontos escuros, continuam passando pela barriga, fígado e todos os órgãos. Gira o dourado em tudo, por fora e por dentro, em grande velocidade, seca uma secreção como uma água que escorre pelos olhos. O aparelho que irá colocar a córnea surge repentinamente e traz uma córnea para cada olho. A recomendação é para que cuide por três dias, sem exagerar na leitura. Antes de terminar, passam um símbolo por dentro e por fora dando toda a proteção e fortalecendo a aura, conforme vai movimentando muita energia. Depois do tratamento ela ficou deitada com algodão branco nos olhos por alguns minutos.

Término do tratamento.

PLANETA DE MISERICÓRDIA

Preparação

Muitas entidades nos aguardando e acompanhando nossa elevação. Energia nos envolve com amor. Cada um vai fazer uma confissão interna, essa energia provoca isso. Às vezes estamos muito acelerados e deveríamos estar mais tranquilos. A luz branca passa pelas nossas cabeças.

Existe uma ligação com o Anjo Ismael que está fazendo anotações. Sentimos a presença do Conselho Cármico. Abre-se um plano, ficamos com uma roupagem mais leve, os corações ficam mais abertos, mais serenos. O cardíaco do grupo se eleva ainda mais.

Pedimos pela Terra.

Dentro de um oval de luz vai saindo o mais pesado da Terra. As energias lançadas são de transmutação e penetram na Terra para fazer uma grande limpeza. Ocorre uma desaceleração da Terra que a coloca para baixo e em seguida com o bombardeio foi mudando essa vibração para cima. Raios que partem dos aparelhos promovem essa positivação. Através de uma tela observamos bombas que caem e penetram no interior da Terra, carregadas de energias violeta e roxa, que arrancam e expulsam entidades que precisam ser retiradas. Equilibram-se os quatro elementos da Terra.

Todos os mentores que vimos se ocupam em envolver a Terra e a cada trabalho que é feito sentimos que sua energia se eleva um pouco mais. Enquanto acontece esse processo de luz que troca energias negativas por positivas, Eles permanecem segurando a Terra. Muitos tons de verde, muito azul claro e amarelo penetram no planeta. A Terra foi abençoada por Eles e é envolta num branco muito leve.

Tratamento

É retirada de uma pessoa uma cruz pesada, o que a deixa mais equilibrada. Energias multicoloridas penetraram na centelha e sua mente fica mais clara. Ela recebe uma benção nas costas que fecha sua aura. Energias suaves entram e envolvem seu corpo. Tudo vai para sua ficha de registro. Ela está muito grata e compreendeu que tudo já passou.

Tratamento

A pessoa está ajoelhada, seu mental é purificado e vão direto para o seu passado. Em seus registros há uma energia violeta que vai queimando e purificando. Resgatam do passado o que ficou enraizado em seus corpos e em seguida tudo é consumido pelo fogo. Quase tudo já foi removido e eliminado. Uma energia rosa, muito clara, penetra e envolve seu corpo e causa grande benefício.

PEGASUS

Preparação

Sentimos boa vibração no grupo. O dirigente foi nos ajudando a fazer relação necessária para atingir outras dimensões. Já em condições de acompanhar o passo seguinte, começamos a nos elevar. O dirigente solicita aos mentores espirituais a possibilidade de nos guiar ao ponto escolhido para hoje. A subida se faz rapidamente e avistamos uma estrela de seis pontas e um pergaminho dourado, escrito em um idioma que não conhecemos. Em nossos olhos são colocados um tipo de óculos porque vamos entrar no planeta gelado. Abrem-se portas que parecem de cristal: Pegasus. Ao entrar vimos entidades muito diferentes, grandes, masculinas e femininas. Não sabemos se são encarnados ou desencarnados. Passamos diante de uma câmera e temos identificadas nossas digitais, como se estivéssemos fazendo um registro. Nossas roupas parecem ser de cristal e sentimos uma sensação de alegria, nossa aura se expande e magicamente nos sentimos flutuar. Há muitos departamentos, muitas salas como se fosse um grande globo. Nos indicam o grupo onde iremos ficar, as pessoas que vão nos ensinar nos mostram um caderno onde ficaram gravados os ensinamentos. Uma cadeira se forma imediatamente, plasmada por uma mente, por uma energia que transforma tudo em cristal. Assim como a cadeira, surge um corpo completo, transparente, nos permitindo ver dos pés à cabeça, tudo o que há no seu interior: todos os órgãos, tudo colorido, cérebro, ossos, ligamentos, sangue, veias... tudo revelado. Uma forte energia molda o novo corpo.

Pedimos para beneficiar a Terra e nos indicam o aparelho, que a nosso ver, mostram o planeta dentro dele. Vemos que diminui e aumenta, como se esvaziasse e enchesse. Enquanto pulsa dessa maneira, se renova e recebe raios nos quatro pontos cardeais.

Tratamento

Uma senhora senta numa cadeira. O processo de cura consiste em esvaziar seu corpo inteiro para tratar e tornar a enchê-lo. Um aparelho como um compasso é colocado em sua cabeça, onde mexe e faz ajustes. Uma energia molda os ossos. Percebemos pulsar seu coração que tem uma válvula trocada. Sua coluna está sendo realizada, em um aparelho retiram seu cansaço e sua fraqueza. Ao final do tratamento podemos ver que ela está fortalecida.

Tratamento

Ela chora. Notamos que o carma com sua mãe terminou. Ela passa dentro do globo onde um aparelho a faz se acalmar. Uma luz é dirigida ao seu terceiro olho e segue regulando o resto do corpo, revigorando e fortalecendo. Entidades a envolvem com muita luz.

Tratamento

A pessoa recebe um tratamento na sua perna, há um pino sendo colocado e trabalham também junto a sua bacia. As articulações parecem bem desgastadas e enfraquecidas, mas tudo está sendo tratado. Em seguida ensinam a pessoa a andar. Tratam também de uma infecção na gengiva, cuidam da circulação da cabeça. Do ouvido puxam um fio escuro, aparentemente algo que há muito tempo estava sendo pressionado. A pessoa é circundada por uma energia cor-de-rosa que acaba por dissolver algumas coisas no seu punho. Como um pronto socorro ela é tratada. Todo seu sangue é filtrado e renovado, seus pulmões também são limpos. Ela ficará na recuperação.

Tratamento

Começam tratando o coronário desta pessoa, elevando as pétalas. Fazem uma cirurgia na cabeça. Com os polegares, as entidades vão pressionando gânglios, colocam curativo onde foi tratado e também no terceiro olho. As ataduras fecham toda a cabeça. Pingam gotas no coração e ela fica deitada.

Tratamento

Com os aparelhos elevam as pétalas do coronário para cima, cuidam também do terceiro olho. Massageiam a musculatura e o sistema nervoso retirando uma sensação de ansiedade. Pelo corpo da paciente passa muita energia verde, rápida e dinâmica. Um cordão dourado ajuda no fortalecimento e faz relaxar a glândula timo, que passa a funcionar com mais suavidade. A pessoa recebe o líquido amarelo para beber e demonstra sua sensação de alegria.

Tratamento

Uma luz vai limpando as pétalas do seu coronário enquanto anotam na sua ficha o tratamento que está sendo feito. Vemos uma entidade escura e vão se desfazendo de vozes e risadas de bruxaria. A entidade sai juntamente com a fumaça quente e igualmente escura. O negativo foi desintegrado.

Tratamento

O movimento circular e remove uma energia muito pesada que está naquele corpo. Trabalham no coronário e no terceiro olho, passam uma espécie de gelatina por dentro do nervo ciático, nas mãos e no punho. Fazem pequenas marcas em vários pontos do corpo e em seguida fecham. A energia volta a fluir perfeitamente. A colocam em uma máquina que faz circular melhor no sangue, livrando de uma obstrução. Recebe uma injeção e uma energia branca que segue para cabeça e laríngeo. A fazem aspirar aroma de flores que contém o que ela precisa para melhorar.

Tratamento

Ela vai receber energia de fortalecimento pelos pés, energia cristalina que revigora os chacras, o corpo físico, e espiritual, flui através do coronário igualmente fortalecido. Permanece por um tempo com um aparelho na cabeça que completa o tratamento de energização.

Tratamento

Começam lavando a cabeça e removendo o parafuso, realizam uma massagem para relaxamento local onde acontece a remoção. Existe um movimento de energia na cabeça e seguem suturando de dentro para fora até fechar totalmente no local tratado. Deixam no local um curativo.

VISITA A UM PLANETA - I

Preparação e Prece

Desde a abertura do trabalho, há um procedimento de limpeza do grupo para se adequar à subida vibratória necessária. Nossos corpos vão se liberando e subimos em uma plataforma. Entramos em um salão e encontramos uma entidade feminina de muito amor. Nesse local tem muitos aparelhos. A energia local vai nos envolvendo e estamos entrando em equilíbrio. Recebemos na cabeça uma antena, um fluido dourado que penetra em nosso corpo e com isso crescemos e ampliamos.

A cúpula do lugar é de vidro branco leitoso com luz própria, parece um planetário de 360 graus. Vamos trabalhar um ponto muito sutil, mas muito importante: o corpo emocional. Percebemos que num momento foi ficando fosca uma telinha, e dificultando a passagem de uma energia que parece ser kundalini. Tempo depois tudo fica limpo.

No chacra cardíaco sentimos que eles mexeram para que a luz interior fosse se expandindo. Está se mostrando a parte técnica, como se fosse um grão de feijão que vai sendo cuidado, recebe água e a planta cresce aumentando de tamanho.

Tratamento

Uma força centrífuga coloca o paciente em uma esfera, na posição dos braços e pernas abertos. Dessa esfera que tem dois arcos que cruzam e viram em várias dimensões, sai uma energia densa que vai para fora e nos parece como se fosse um ácido, de forma que corrói. Essa sujeira é muito nociva, tem que haver precisão quando é retirada. Tem que ser precisa em contato com essa esfera prateada.

Vemos tratar um pontinho minúsculo na doente, uma entidade feminina está mostrando essa pinta, sensação de limpeza muito profunda no peito dela, alcançando a centelha. Feito isso a pinta vai desaparecendo. Parece quântico, nessa esfera há duas argolas que fazem o movimento para um lado e depois para o lado contrário. Dá a impressão que podem tratar muitas pessoas ao mesmo tempo, sendo uma esfera para cada pessoa. As energias se movimentam e aliviam o peso na nuca. A nível celular está havendo uma renovação nas pessoas. A seguir, como se fosse um banho de gel rosa vai entrando e se concentrando onde foi manipulado.

Quando alguém está com energias negativas no peito, na altura da centelha, e se estiver obstruída, uma luz sopra fazendo desaparecer essas energias. Conforme foi trabalhado, está ficando limpo, e a pessoa toma consciência. Também nos mostram um aparelho grande e nos ensinam como utilizá-lo, e para nos ajudar passam ondas sobre nossos olhos. A pessoa recebe força nas mãos para transmitir aos outros e para ela. É como um gel rosa claro viçoso, como uma placenta.

Dentro desse ambiente todos foram nutridos, há uma sensação de fortalecimento do corpo físico e, principalmente, da parte emocional. Foi uma manutenção diferente ao nível de genes. São energias muito fortes e sutis ao mesmo tempo. Depois que cai uma chuva dourada, cada um vai para um plano: um doente vai para o plano de muito amor, outro para o plano de conhecimento, e ao final há uma ligação de energia para cada um.

Interessante que essa esfera vai ganhando cores e também refaz as auras dos presentes. Agradecimento e prece de encerramento.

RELATÓRIO DE UMA LONGA VIAGEM

Fizemos toda a preparação. Ligação com o plano espiritual e com as Fraternidades.

Saíram vários fios da cabeça dos integrantes do grupo. Muitas entidades de luz nos acompanhando nessa trajetória. Como já havia acontecido anteriormente.

O dirigente solicitou a Imotepe, para nos levar, já estávamos prontos. Médiuns vêm estrelas que ficam fazendo círculos, parecendo um sol, girando sobre nós.

Conforme chegamos ao nosso destino, nos vão colocando sobre a cabeça um aro com duas antenas e uma energia morna nos envolve. Pedimos acesso, sentimos a presença dos que vão conosco. Através de um acesso com nossas digitais, podemos entrar.

Vê-se uma plateia, uma tela, como aconteceu em uma outra viagem, também tem um instrutor com energia de amor fazendo círculos e nos posicionando de mãos dadas.

A tela mostra um trabalho para beneficiar a Terra, fixando nossa atenção na tela que mostra círculos concêntricos com a Terra no meio. Sobre nós uma cúpula prateada em forma de diamante. Pegam um mapa da Terra e trabalham com símbolos, como num filme de ficção científica. Entidades espirituais aparecem na tela e também no local. Eles têm corpos diferentes e não pisam no chão, parece que a gravidade é diferente, mais leve.

Hoje, diferentemente de outras vezes, há vários grupos no local. Ficamos separados e há um instrutor para cada grupo. A tela exibe o cérebro aberto, dividido em fatias, girando. No contorno da tela, vê-se uma energia verde que envolve a Terra numa circunferência de energia. As cidades são mostradas como miniaturas.

Nos vemos sentados ao redor de uma mesa de controle. Existe um campo tridimensional que é capaz de mostrar em detalhes qualquer elemento que diante dele for posto, uma pessoa, um cérebro, seja o que for, através de uma energia que se move em círculos, com os movimentos rotativos de uma furadeira.

Pedimos pela Terra que se apresenta com um contorno verde. Inúmeros fios escuros vão se despregando, soltando, limpando e são puxados até desaparecer.

Pedimos para aprender a trabalhar com pessoas desse lugar.

Tratamento

Ela coloca suas mãos na mesa e o seu diagnóstico aparece. Cientistas observam tudo. No centro de um triângulo surge uma forma tridimensional, que recebe um raio laser bem no meio e sobre ela. Pedimos por sua saúde.

Novamente uma máquina em forma de tubo e continuam mostrando um cérebro no comando geral. Este parece ser único e se multiplica em vários corpos. Ela colocou as mãos no tubo que tem sobre ele, um holofote. Se parece com o tomógrafo. A máquina percebe seu corpo e para sobre seu joelho, onde faz um tratamento.

O scanner mostra a garganta dessa pessoa, onde entra uma eletricidade, que absorve alguma coisa. Essa energia vibratória intensa pegou o fio escuro ligado a uma entidade e gradativamente essa onda energética foi se ampliando até que o fio explodiu e foi desligado. Observamos a entidade saindo. Outro fio escuro, ligado a outra pessoa, foi visto e também explodiu. Ela não tinha consciência dessas ligações. Foram limpas parte de suas memórias, lembranças suprimidas, como ao folhear de um livro. Ao final, eletrodos foram posicionados em sua cabeça.

Acompanhamos o trabalho em seu pescoço, até a nuca, com agulhinhas que piscam, limpando algo negativo. Ao finalizar o trabalho, um botão é acionado, ocorre uma explosão e tudo fica limpo. Ao final, a observamos repousar.

Tratamento

Ao entrar no tubo, todo seu crânio se revela. É feito um novo molde em seus olhos, ouvidos e boca. Eletrodos foram posicionados em sua cabeça. Uma cópia da pessoa observa tudo que está sendo feito.

Da boca e do crânio saem energias acumuladas da Terra. Inicialmente densas como chumbo, se transformam em fios capilares carregados de energia que extraem os pontos escuros negativos. Círculo violeta atuando e à medida que trabalham, tudo fica mais claro.

É detectado um aperto muito grande atrás do coração, onde se vê um fio muito escuro que desce pelas costas até a base da coluna. Ao pressionar o botão, a energia curativa percorre o fio até explodi-lo e exterminá-lo. O lugar foi preenchido por uma energia clara e foi eliminado o que enfraqueceu aquela pessoa. Aquele fio escuro ligava a pessoa até o cemitério, onde a energia de trabalhos a ligava com muito sofrimento. Fazia acelerar muito seu cardíaco, trazendo a sensação de que patinava na lama, gastando muita força para se equilibrar. Felizmente tudo ficou limpo

O tratamento continua na medula, de onde é desbloqueada uma energia que sobe para a cabeça. Ao se libertar dos fios e conseguir a limpeza, pegou o coração e vai ficando normal. Uma energia interna foi desbloqueada e passou a fluir livremente por toda a coluna até a cabeça. Trataram também a parte do maxilar e nos dentes. O espaço escuro onde se encontrava vai aos poucos se iluminando com holofotes e a pessoa vai se esquentando e se pondo em pé.

Ao estar liberta, a energia sobe até seu coronário e numa espécie de redemoinho, faz uma blindagem para sua proteção. A observamos rejuvenescer.

Apertam o botão. Tratamento terminado.

Tratamento

Ao colocar as mãos na máquina recebe o bombardeio. No scanner se observa que o diafragma é um problema cuja causa não é possível identificar com precisão. Agora percebem um problema hormonal e diabetes, que corrigem antes de passar para a tela.

Promovem um alívio para que respire melhor. Atuam para soltar a coluna e as costas.

A energia percorre a cabeça e realiza um trabalho das têmporas até a nuca. Tem algo a ver com mediunidade. Estão aumentando o calibre da informação, tudo precisa ser levado em consideração por ser um momento de crescimento.

A causa do problema tem origem no fato da pessoa não se sentir capaz e sua cura reside em permitir fortalecer seu canal mediúnico, se desprender do conhecimento que a trava.

Esse conhecimento deve fluir em favor de sua vida. Ficou bem claro que ele tem condições de falar a palavra certa, confiar e se desprender do conhecimento da Terra.

O paciente recebe um círculo ao redor da sua cintura e uma coroa de proteção sobre a cabeça. O botão é pressionado e a sessão termina.

Tratamento

Põe as mãos na mesa e saem raios de energia elétrica, aparecem nela muitos fios, temos a sensação de que ela fez um programa para resolver todos os problemas de muitas encarnações desta vida. Esses fios não a deixam seguir em frente. Está amarrada e paralisada, da cabeça aos pés.

Vemos se aproximar um arquétipo, ela muito envelhecida com o peso de suas experiências de vida, triste, sem boas perspectivas.

Eletrodos em sua cabeça permitem que acompanhemos seu passado, desfazendo atitudes que mudaram seu destino e que não resultam em sucesso. É necessário recuperar a inocência e a esperança.

Fios vão sendo puxados e uma imagem substitui a outra.

Foram mostrados comportamentos repetidos, que justificam esses fios que adentram pela Terra, esses carmas, esses pesares que envolvem seu corpo dentro da Terra.

Ela respira agora ar leve e oxigenado. Na parte da cabeça, ganha uma flor branca parecida com copo de leite que vem para dar o que ela mais precisa: nutrição.

Ao final, o emplastro redondo e grande é colocado sobre o final da coluna cobrindo tudo.

Vai ficando mais leve à medida que tudo vai sendo limpo.

Tratamento

Uma energia percorre todo o corpo, a partir da cabeça, como se fosse um sorvete derretendo. Pelo caminho vai removendo pontos escuros, negativos, principalmente da cabeça. Sai do scanner e faz o diagnóstico. É seu emocional que interfere na sua saúde. Ela somatiza, fica triste ou ansiosa e desregula seu corpo físico. Nas suas costas a imagem do pai aparece como se estivesse grudado atrás do coração, onde se vê a imagem do marido.

Seu filho tem uma ligação forte com o avô, ele traz uma energia, não está sozinho. É espiritual essa ligação. Seu pai tinha muita ligação com o neto, seu filho parecia com seu pai, e de certa forma comandava sua vida. Aos poucos, essas ligações negativas vão sendo cortadas.

Ao pressionar o botão a situação vai se avolumando, aparece um pai, o filho e muitas tantas entidades. Tudo acaba sendo explodido e iluminado.

Seu maior problema é um fio da sua aura. O ponto aberto está juntando tudo. Como numa cirurgia, um ponto escuro está sendo removido.

A cabeça é o principal ponto a ser tratado. Apresentava machucados e pus, e tudo está sendo limpo e tratado. Ela agora compreendeu a ligação entre os dois. Tirando registros de sua cabeça para não se ligar mais com o passado, ela buscou solução e agora tem que entregar e se libertar dessa ligação que afeta também seu estômago.

Foi mostrado a ela todo o esforço que fez para esclarecer a situação e se libertar. Muitas entidades que estavam em volta de seu filho foram retiradas. No entanto, é preciso deixar o filho crescer, se limitando a mostrar o caminho. Ela já fez a sua parte.

Energia dourada transmite força. O botão é pressionado para finalizar a sessão. Ela vai para um lugar de repouso, em um tubo onde se fortalece e equilibra.

Tratamento

Coloca as mãos e recebe uma energia verde que vai do intenso ao mais claro, penetrando até os ossos. Um holofote é direcionado à coluna e nos flancos se veem hematomas, possivelmente oriundos de pancadas.

Abre-se uma vida passada no Egito e ela ainda está ligada nessa existência. Percebe-se algo como um buraco no seu peito.

Ao posicionar sobre o scanner as pontas dos dedos das mãos e dos pés, uma conexão direta se faz com o interior da Terra, revelando o ponto cármico, vestígio da vida em que foi mumificada. É observado que ela foi obrigada a fazer algo que não queria. Esse é o âmago do seu problema. Acionando o botão, mais coisas vão sendo reveladas. Vimos que ela está num palácio, muito bonito e rico, encostada em uma parede, olhando para baixo, muito triste. O seu corpo foi resgatado de um buraco, desde a época em que foi proibida de falar.

Da sua cabeça são apagados registros de outras vidas que não tem qualquer serventia. Tudo está limpo, estão refazendo pontos muito abertos e fechando feridas. Todo o trabalho é feito dentro do eixo da coluna e tratam o olho cuja visão havia perdido.

O botão é pressionado e termina o tratamento.

Tratamento

O diagnóstico indica um problema muscular na panturrilha e sola do pé. Um trabalho de relaxamento recarrega as energias eletromagnéticas que refazem sua nutrição e fortalecem energia extra para quando precisar. Seus livros de registros estavam todos em desordem e acontecia um trabalho para organizá-los.

Ao passar pela máquina, foi limpando o frontal. Um scanner revelou um buraco grande em seu peito, por onde escoava sua energia. O que se revela é a existência de entidades. Uma onda de choque começa a cortar os fios, refazendo o peito e a coluna, afetados por uma coleção de tristezas que foram sendo fermentadas ao longo da vida, ligadas a entidades que sugam suas forças.

No passado, ele se mostra instruído e possuidor de muito conhecimento, que no entanto, não foi capaz de transmitir para outras pessoas. Também são vistas algumas placas de ouro que ele carrega nos bolsos, conhecimento que hoje representa para ele um fardo.

Apertando o botão vemos um corpo sendo puxado e sentimos uma tristeza profunda. Ajudamos a puxar e nos arrepiamos fortemente. O corpo chega desfalecido de tanto chorar.

Colocado em uma bolha e banhado de energia verde, vai nutrindo até iluminar todos os fios que o prendiam. Outro corpo, de outra vida, foi trazido para ajudar no processo. Ele penetra seu peito, o estrutura e depois vai embora.

Tudo é recolocado em seu devido lugar acompanhado de bombas coloridas que explodem à medida que curam e regeneram.

Foi realizada também uma raspagem no osso do frontal e do nariz. A limpeza vai para o físico, mas tem a ver também com o espiritual.

Energia laranja restabelece pontos coloridos como se fosse uma acupuntura. Vemos a imagem da criança no colo dele. Terminou.

Tratamento

Aparece ela e seu clone. Uma com muito medo e a outra se parece mais com uma entidade. A primeira aparece como criança e fica olhando de lado para a outra sem se aproximar muito. Um holofote penetra em sua cabeça, fazendo um círculo de luz branca envolvendo toda a cabeça.

Vai passando muita energia verde e branca. Tem um corpo muito rígido que aos poucos vai rachando. Agora ela está totalmente equilibrada e conversa com ela mesma. A que tem olhar de deboche também ouve, mas não se aproxima. A entidade, como terapeuta, fica observando. A entidade que domina esse corpo mostrou a parte mental dela com cone na cabeça, com bastante dourado e um corpo pequeno. A energia trabalhou fazendo com que cresçam sua cabeça, coração e mental, que eram bem pequenos.Uma massa feita de cera, como uma esfera, apareceu e tinha um aspecto muito escuro. Foi levado, iluminado e trabalhado para que fosse neutralizado.

Uma ferida emocional, ligada a uma amiga do passado, revela que foi traída por uma paixão. Seu corpo emocional se encontra distorcido e precisa ser corrigido. Ao entrar na máquina, sem acreditar que o novo corpo poderia ocupar o lugar do então pequeno e fraco, ela vê seu corpo crescendo e se fortalecendo. Ela se apossa desse novo corpo. Um círculo rosa os envolveu. Seus corpos se realinham e centralizam banhados de luz. Tudo está claro e em seu lugar.

Apertou o botão para terminar e agradecemos.

REUNIÃO EM UM PLANETA

Preparação

Pedimos aos Três Reis Magos e a todos os mentores deste trabalho licença para viajar e estudar, o que já fazemos há muito tempo. Eles nos mostram algo. Parece tratamento para o inconsciente.

Tratamento

Ela tem medos. Aparelhos vão puxando alguma coisa registrada no mais profundo da alma. Estão limpando algo do passado, do qual ela não se perdoa. Vemos os Senhores do Carma com o livro dela, mostram uma perda. Da sua alma vão removendo camadas e se desprende uma lembrança que havia ficado gravada. Limpam seus pulmões e também seu marido que não queria deixar sua gravidez ir adiante. Tudo é removido pelo coronário, libertando-a da angústia que trazia no coração. Remanesce uma abertura que parece sangrar. Eles a limpam e purificam, apagando os registros. Havia uma entidade aplicada a ela, o que lhe causou por algum tempo uma depressão. Essa entidade sabia que ia ser rejeitada e foi sendo removida na forma de uma energia escura. Seu mentor lhe dá a mão e lhe livra da culpa. Ela não vai lembrar, mas está havendo uma explosão em seu corpo e ela vai gradativamente acordando de um adormecimento inconsciente. Ela ficou muitos anos presa nesse remorso. Recebe um banho como num batismo. Água branca vai entrando na sua cabeça. Esse corpo volta a sua origem, lá tem sua alegria e sua joia, a melhor lembrança. Ela vê a família e sente a alegria de todos nesse encontro. Essa experiência fortalece. Ela se livra de todo o peso trazido, desperta. Foi um merecimento, um bônus. Vemos um papiro branco onde caiu uma gota rubi. Ela sente aquietar seu coração e se dirige a uma câmara do tempo, onde ficará para uma renovação. Ela recupera a força perdida. Vemos seus mentores perto. Esse corpo restaurou-se como na idade da primeira comunhão. Recebeu o papiro e o guardou no peito. Ajoelhada a doente agradece.

Tratamento

Ela tem lembranças tristes que machucam. Voltam do inconsciente. Teve que se esforçar muito para superar. Vai tirar essas lembranças do mental e do emocional. São muitas as coisas que acumulou, ligadas ao coração. O trabalho de muito amor e misericórdia a vai libertando. Esse corpo ficou muito ferido, tinha que vir e não olhar para trás. Sai de um grande poço escorregadio, vai queimando, destruindo as situações que relembra do passado. Do inconsciente saem muitas mágoas, dor e choro. Livre do pesadelo do inconsciente fica o registro de solidão. Este corpo se eleva. Conforme desperta o inconsciente, ela demonstra aceitação e mansidão. É como se estivesse resgatando uma criança, ela mesmo. Temos a impressão de que ela chega em uma estação, onde entrega a família, filhos. Chega cansada e se livra das malas. A caminhada foi sofrida, na cabeça tem um coágulo, um peso, uma escuridão e tudo é puxado e com um sopro suave, vai se desmanchando por dentro. Nessa estação ela não aceitou alguma coisa que ainda não está resolvida dentro dela. Surge a imagem de sua mãe e esse pontinho escuro que restava em sua cabeça precisa ser tratado. A equipe espiritual a energiza para acabar bem o tratamento. Há fios que amarram seu emocional como se fosse um pacote e causa dor se retirá-los. Como fios de pólvora, vão sendo queimados e explodem. À medida que queimam, libertam as lembranças do caminho percorrido. Essa pessoa não tinha consciência, mas o que aconteceu tinha que ter acontecido. Ela se entrega e se liberta. Tudo é purificado. Uma boa limpeza é feita e ela se livra desse caso. O livro ficou limpo.

REUNIÃO DE CURA EM PLANETA JÁ VISITADO

Feita toda a preparação e já ligados com o mentor Imotepe, houve uma sensação de alegria. Sentimos que vamos ser recebidos num planeta que tem muita energia azul e também há pirâmides azuis.

Vestimos uma roupagem como de astronautas, energias de cor violeta nos envolvem e sentimos uma suave vibração. No ambiente fomos envolvidos por fluidos de paz e muita sabedoria. Na altura do terceiro olho do dirigente, foi colocada uma pirâmide. Seu coração se expandiu. Vamos sendo direcionados.

Estamos num auditório branco e dourado, onde nunca estivemos antes. Observamos muitas flores pequeninas e emanam diferentes aromas, das palavras de um livro cuja feitura teve a colaboração tanto de encarnados como de desencarnados. Todos ajudaram no livro e vemos inúmeras pessoas vestidas com roupas que refletem seus tempos vividos. Imotepe orientou várias pessoas a escreverem livros com este mesmo teor para que se inicie uma nova era mediúnica.

Encerrada essa parte, passamos do auditório a outro lugar coberto por uma abóbada em 360 graus, onde sentamos em cadeiras giratórias. Pedimos para iniciar o trabalho para ajudar a Terra. Eles vão comandar o trabalho.

Há vários assistentes. Vemos bombas que vão para a Terra e dissolvem manchas escuras e nuvens carregadas. Atingem bem abaixo da crosta da Terra na parte mais profunda. Uma energia azul escuro atinge a parte mais densa. Bombardeiam para explodir trevas e raios também. Pedimos para limpar o eixo da Terra, e logo bombas são lançadas para sua limpeza. Vê-se um grande clarão e mais raios que anulam as cargas negativas. O peso que pega na base tira a força do mal. Nos vemos muito felizes por estarem fazendo esse trabalho. Ouviu-se o nome de Sanat Kumara, um dos maiores regentes do planeta Vênus que veio ajudar a Terra milhares de anos atrás, em uma fase difícil do nosso planeta.

Há muita libertação com as energias, que deixam uma sensação de leveza. Notamos que tudo de mal se dissolveu. Subiu como massa escura, como petróleo, puxado do ponto mais profundo da Terra e no alto se desintegrou. Também a parte mental das pessoas foi limpa.

A seguir, vem amor cósmico de mãe, em forma de um lençol cor de rosa e azul, cobrindo tudo e envolvendo tudo. Vemos desde o espaço que tudo é levado a se desintegrar. É preenchido o lugar onde foi feita a limpeza. Por cima de tudo isso há uma luz pairando como a observar, o plano faz uma linha eletromagnética.

No Brasil a luz é azul e se observa muito dessa energia azul sobre Brasília. Colocam fogo violeta em duas torres do Congresso. Os responsáveis pelo trabalho de cura se posicionam perto de pessoas que tomam decisões e assim permanecerão, conectados, por um período.

Para nosso Centro, vimos bombas de limpeza que nos impulsionaram a uma nova fase. Houve uma limpeza no impedimento para vinda de novas pessoas. Com movimentos de baixo para cima, é feita a limpeza e elevação. Nossos coronários são puxados por uma forte luz. O "eixo" da casa estava limpo. A pedra da fundação foi entregue para o diretor do trabalho para por na nova casa.

Tratamento

A pessoa que recebe o tratamento se encontra dentro de um tubo, similar a uma aura, e vão sendo absorvidas suas energias ruins, materializadas em pontos escuros. São pontinhos de uma energia luminosa, como se fossem elétrons. Libertou seu laríngeo, e somos capazes de ver que ligado a ela há um obsessor que fragiliza sua garganta, suas costas e suas vias respiratórias. Também nos ombros há energias escuras aderidas. O plano trabalha com energias que têm o poder de desligar a entidade.

Na cabeça e na face falta um pedaço. Há algo como um buraco que vai lentamente se refazendo... O mentor aperta botões e equilibra seu mental. Giram energias coloridas, rosa, azul claro e amarelo. Ela saiu da cápsula, agora ela vai relaxar, descansar e se recuperar.

Tratamento

Uma segunda pessoa entra no tubo e repete-se o mesmo processo realizado na primeira pessoa que foi tratada. Envolta numa energia dourada, recebe pequenos choques principalmente nas mãos, revigorando seus impulsos elétricos em todo o corpo e alterando seu estado de desânimo, como se viver já não valesse mais a pena. Da sua cabeça são extraídos espinhos que provêm do lado escuro da sua casa, para onde são lançadas bombas e enviado um sugador que finda por retirar tudo o que a prejudicava.

Ao final, essa pessoa tem um livro nas mãos e declara que entendeu a orientação.

Tratamento

Mais uma pessoa entra no tubo para receber seu tratamento. Faz uma limpeza na cabeça com uma energia que parece ter a forma de água. É convidado a começar uma fase nova. Foi limpa uma vida passada muito próxima, tirando-a da memória, para seu alívio. Seu coronário ficou bem. Energias de força e alegria o foram envolvendo com muita luz.

TRABALHO EM OUTRAS DIMENSÕES

Início do trabalho, prece e concentração.

Lentamente nos elevamos orientados pelo dirigente do grupo. O plano espiritual nos foi envolvendo com energias de limpeza, um vento frio foi passando por nós e conseguimos sair desta dimensão. Esse é um planeta de uma outra constelação.

Entramos num salão espaçoso, sob nós um tubo de luz e um raio de luz intenso iluminou nosso peito. Estamos agora dentro deste tubo. Entidades femininas e masculinas, como encarnados neste planeta, passam as mãos pelas nossas cabeças de onde emana uma eletricidade através da testa. Adentramos em um ambiente refrescante onde um remédio líquido ajuda a harmonizar nossos corpos. Observamos a aura serenando dentro desse local.

Passamos para outro departamento e na medida em que vamos equilibrando nossas energias, vemos um cristal que acende uma luz no nosso peito. Os mentores já estão ali nos aguardando. Nas nossas cabeças é colocada uma espécie de elmo que se prolonga por todo o corpo e assim ficamos revestidos. Nossa vibração vai ficando serena e tranquila, eles vão regulando para que assim seja, é automática a preparação. Lentamente entramos em um grande salão onde há mais entidades ocupando seus lugares.

Há uma mente maior que não aparece e que folheia páginas de um livro onde vê o desenrolar do aprendizado. Sua luz envolve todo o ambiente, protegido como um grande globo dourado, onde nos encontramos. O trabalho principal é esse livro cujo folhear percorre os quatros cantos da Terra. Essas escritas não são da época atual e mostram crianças que vão usufruir, no futuro, do que eles estão preparando. Os que hoje vivem não vão alcançar esses planos com facilidade. Vemos crianças brincando e percebemos que os que ali estão são como as sementes que serão colocadas na Terra. Cada livro, assim escrito, permanece guardado na biblioteca. No momento certo, pessoas certas são inspiradas e eles serão lançados e lidos. Tudo nessa biblioteca reluz como cristal.

TRATAMENTO PARA A TERRA

Nossos coronários ficaram bem elevados. Todos deixaram registrada, por assinatura, sua presença. Esse lugar é novo.

O grupo se subdivide, constituindo cada um, uma peça de um quebra-cabeça, uma parte de um ensinamento, a encargo de um mediador. Nosso grupo, juntamente com nossos mentores, se ocupa em colocar sobre a terra uma energia capaz de extrair negatividade e fluidos ruins. Raios são lançados sobre a Terra provocando clarões. Em consequência e oposição, outros tantos raios são pela Terra expelidos, num processo de limpeza e purificação. Esferas dessa energia negativa, composta por pontos escuros que vão sendo extraídos, se desintegram ao sair e desaparecem.

Em seguida é lançada sobre o globo uma energia que eleva a vibração do planeta, retirando a Terra do ponto negativo em que se encontrava e a inunda, suavemente, com muito amor. Essa luz vai entrando nas partes mais profundas, retirando a negatividade, soltando os fios que a prendiam e libertando a parte mental da Terra. À medida que esse trabalho termina, uma energia regenerativa e paralisante é ativada, preenchendo os espaços deixados pelo que foi expelido. Muitas mentes positivas irradiam cristais multicoloridos e os enviam em forma de energia que atinge toda a dimensão da Terra, que resulta apaziguada e banhada com muito amor.

Tratamento

Assim como o tratamento da Terra, a paciente recebe muitos raios de puro cristal, que vão iluminando-a por dentro e revelam uma emoção muito forte. Uma sensação de muita água e de um quase afogamento, seu esforço em sair dessa situação facilita sua libertação e a paciente vai crescendo e rompendo aos poucos suas limitações.

Seguem calibrando as energias da sua cabeça. Tratam seus ossos fracos, a parte interna, suas costas. A vimos numa esteira, amparada para se superar e alcançar mais velocidade. Sincronizando os centros de força, ela vai ficando mais próxima dela mesma.

Transmitem ao simples olhar muita vibração de alegria e ela recebe um manto de proteção nas costas e também na cabeça.

Tratamento

Um grande foco de luz, como um globo, penetra pelo peito da paciente e invade todo o corpo irradiando-o fortemente. Avistamos corpos que não são dela, mas que desejam invadir. Ao que parece, seu local de trabalho está repleto de energias negativas. Fios sutis precisam ser cortados, mas não há certeza do ponto certo a cortar. É necessário extrair da cabeça, energias extremamente negativas, que se apresentam na forma de uma cobra. Esse globo de luz penetra para puxá-la pela cabeça. É necessário que saia inteira, está ligada a um carma familiar bem recente que afeta filhos, família e particularmente a filha.

Toda energia absorvida por uma vida foi retirada. Os chacras foram limpos. A cabeça do obsessor se personificou na cabeça da cobra, que invadiu seu corpo mental. Houve relaxamento e purificação.

O tratamento segue em todos os seus corpos, que se encontravam em processo de regeneração, todos vão se revigorando à medida que a luz entra e sai repetidas vezes, retirando toda a negatividade, limpando e libertando.

Toda energia dessa mulher, sua luz e sua espiritualidade, foi aos poucos sendo roubada e o tratamento consiste em realimentá-la, regenerando e alinhando os seus corpos. Muita luz continua sendo lançada, trabalhando onde se encontram os danos. Estão avivando seus neurônios e trazendo de vidas passadas, suas conquistas, como forma de ajudá-la e motivá-la. Mostram uma vida onde ela era freira e cuidava de crianças.

Um cristal muito poderoso retira de sua cabeça uma bolha escura que é imediatamente absorvida e desaparece. Nesse ponto decidem parar. Isolam bem as áreas tratadas até a próxima sessão. Ela será levada para o plano com a cabeça enfaixada e protegida.

Encerramento, agradecimento e prece.

VIAGEM PLANETÁRIA

Preparação

Depois da preparação dos médiuns e sobre uma plataforma, as roupagens impuras são limpas, restando uma proteção colorida. Vamos subindo o que seriam andares e nossos mentais ficam impregnados de energia, recebemos algo como capas sobre a cabeça. Bem iluminados estamos sendo elevados. A diretora do trabalho assina algo diferente.

Vemos a mesma sala, o mesmo lugar, o mesmo teto abobadado, há cadeiras de alto espaldar.

É uma reunião com muitas entidades e percebemos a energia de um plano que vemos se aproximar, muito feminino e sutil.

De súbito, as cadeiras viram para cima e vemos o teto se aproximar e nos contornar. Essa cúpula esférica se transforma numa grande tela transparente e através dela nos apresentam um bosque com energia anciã Celta, bastante distinta da que experimentamos na Terra atual. No momento conseguimos estar no centro de uma clareira e vemos muitas árvores ao nosso redor.

A clareira, um labirinto feito de pedrinhas, folhas, árvores e sementes. Tudo nos remete a uma energia muito simples, mas extremamente forte. Há muitos mentores e muita energia dourada. Muitos grupos se posicionam em círculos e em torno desses elementos simples e seus responsáveis recebem instruções, todos pactuam algo e assinam um compromisso.

O movimento dos círculos facilita a absorção das diferentes energias que emanam desses elementos naturais. Existe uma primavera muito fértil. Eles estão ensinando um caminho e o novo caminhar.

Tratamento

Ela chega ao bosque como se fosse mesmo uma camponesa, cheia de frutos, há uma sensação de relaxamento. Sua simplicidade vem de energia sutil e feminina. É energia telúrica e vai consolidar tudo que foi feito neste grupo. Sua relação com a Terra e o entendimento da troca indispensável de energia nos é mostrado de uma forma metafórica. O corpo físico se mistura com o da árvore. Pés se entrelaçam com as raízes e retiram os nutrientes.

Todos os necessários se encontram na terra, tanto para manter a árvore como para manter o corpo. Neste momento não identificamos mais um corpo, uma forma humana.

Percebemos a fusão com a grande energia da Terra e a vemos fluir da raiz ao tronco e para os galhos, as folhas, os frutos e as sementes destas ao solo novamente têm a raiz como nutriente. Essa é a dinâmica desse bosque. Essa é a lição a aprender. A energia da mãe cósmica ou da mãe terra não se exaure. Ao contrário, se renova quanto mais for aproveitada. Em equilíbrio, o que da terra é retirado, é devolvido com igual abundância. Essa Mãe Terra traz um colo cheio de frutos.

Ao final desse tratamento, observamos uma total transformação na aura daquela mulher. Muitas cores, muito azul, verde e dourado. Cada célula sua foi nutrida. Durante o processo ela foi experimentando um ciclo completo de nutrição e de fertilidade. Deixou frutos e flores pelo caminho e esses realimentaram a Terra.

A energia de cada um vai ficar nesse lugar sagrado.

VISITA A UM PLANETA - II

Prece

Depois da colaboração das Fraternidades e em condições de se realizar mais um trabalho espiritual, visitamos um orbe escolhido pelo plano espiritual e chegamos. Mostraram uma entrada e o Comandante Armond estava lá tomando nota do que vamos realizar.

Fomos levados a um ponto de ligação de onde começamos a nos elevar, daí se fez a preparação para a subida, vão passando energias violeta, abre como uma cratera dessa cor e passamos.

Essa energia nos limpa, e vai nos iluminando e preparando para a subida. Lá chegando, aparece o portal do planeta e entramos com as entidades que nos acompanham, nos deu a impressão de penetrar dentro da crosta do planeta, para dentro dele, o que não tem sido habitual.

Colocam na garganta algo parecido a outra garganta, que chega perto do nariz e sentimos que tem energia fria.

Há símbolos descritos em uma folha grande, como de pirâmides voltadas para cima e para baixo.

Esperamos que seja mostrado o trabalho que é possível fazer desde o Sistema Solar.

Entidades elevadíssimas se mostram diferentes, não são iguais a nós, nada parecido com os nossos corpos. Tudo diferente nesses, principalmente a área do laríngeo.

Transmitem telepaticamente suas palavras, abre-se uma cortina e percebemos que tudo é diferente, nunca estivemos nesse lugar.

Sentimos energia de calma processando um movimento que vai colocando tudo no seu ritmo. Sintonia de amor.

É mostrado o mapa do Brasil, e depois, apontado nele, é realizado um trabalho que permite o globo terrestre se expandir deixando vê-lo tratado e limpo.

Sentimos energia que expande, abre-se a centelha em nosso peito e a sensação de que crescemos por dentro; fios de luz vão se derramando no lugar.

Ao mesmo tempo desce sobre a Terra uma energia que parece algodão branco, que vai formando placas quando se derrama, e com isso agasalha nosso planeta na luz. Tem um poder de se expandir, envolver e ainda de transmutar o negativo.

A função da energia desse planeta é agir no mental, no psiquismo, com seus problemas e conflitos mentais; limpa os registros da memória do passado.

Sua energia no terceiro olho penetra e se multiplica; uma gotinha como um grão de areia cresce, aumenta e fica enorme consumindo todo negativo.

Pedimos para ajudar a Terra e depois o Brasil, na prática vai caindo essa energia que envolve tudo e o mapa fica pequeno para depois se expandir e ficar limpo. Foi mostrado pela vidência dois exércitos divididos: um azul e o outro escuro, há uma linha divisória no meio que se transforma em fogo, queima tudo e fica limpo, não vemos mais soldados negativos. De um modo pequeno o fogo cresce e depois explode, após a limpeza se abre tudo e só se vê luz.

Foram congelando todos os papéis, documentos, ambientes da casa; abriu-se um grande fogo limpando tudo. Depois do fogo, refazimento e nutrição para ajudar os que virão.

Pedimos para o nosso espaço Alvorada a permissão para trabalhar com Eles. Também solicitamos tratamento, vimos cortarem fios escuros, um enorme fogo consumindo tudo. A renovação e fertilização foi feita, nasceram plantas e flores. Consome da memória todos os pontos negativos. Camadas coloridas, energias frias, tudo fica envolvido em cores claras. Deixaram limpo e em seguida desceu energia rosa.

Tratamento

A doente é colocada onde uma energia que nos parece fogo passa e a envolve e se expande a tudo o que é necessário limpar.

Entidades focalizam os pontos a serem dissolvidos da sua memória, o negativo do seu lar passa nesse fogo até nos canos da casa e mais coisas internas, como as paredes e tudo que se encontra negativado. Fica tudo claro e limpo.

Da pessoa foi saindo como as fitas gravadas desde o início de seu sofrimento e energias cor de rosa forte a restabelecem. Puxam as memórias do seu casamento para deixar lugar ao novo. Essa energia puxa, queima e consome.

Término do procedimento.

Tratamento

O fogo aponta na direção da pessoa que está no tratamento e consome tristeza; esse envolvimento vem de fora, de alguém que pensa em morte. Trabalham para desligar esse envolvimento destrutivo. Fica bem.

Seu gástrico está contaminado com energias pesadas. Essa ligação que foi tirada tinha a envolvido negativamente. Com a mesma energia tratam também o coração.

Recebeu algo similar a uma injeção gástrica para tirar o excesso de fluidos negativos.

Trabalham no seu frontal limpando imagens com fogo e também nas costas, e sente uma sensação de dor e cansaço.

Abriu-se um buraco que vai para o astral inferior, ela está ligada a um inimigo cármico pelas costas, é desligada e limpa, é colocada energia verde de refazimento.

Final dos tratamentos. Prece de encerramento.

ALGUNS ASPECTOS DA VIDA EM JÚPITER

Por EDGARD ARMOND - São Paulo 1982

PALAVRAS DE BEZERRA DE MENEZES

Prezados leitores.

Algo diferente é tratado nestas linhas, talvez para ser testemunhado não agora, mas algum dia. Isso não importa: as revelações do Pai vêm aos poucos. Toda vez que parte de conhecimentos originais antigos é trazida aos homens, são eles considerados novos e, como tal, podem provocar divergências e até mesmo cisões.

Mas estamos em momento de controvérsias e desajustes de todas as espécies e o trabalho é trazer à luz o que parece novo e desconhecido.

S. Paulo 25-4-80

Bezerra

27-7-74

O primeiro contato positivo com esses Espíritos deu-se nesta data.

Após os preliminares habituais de limpeza psíquica, feitos por um deles, com a aplicação de minúsculo aparelho eletrônico à nuca e no alto da cabeça da médium, o dirigente deles saudou nestes termos: "Bendito seja o nome de Jesus Cristo" - repetida a saudação mais duas vezes e, em seguida, informou que iríamos trabalhar com auxílio de radar, para evitar interferências daqui e de outros lugares.

A médium, grandemente favorecida pela sua vidência, vê à distância o sol, a lua e outro globo, de onde os visitantes afirmaram vir.

29-7-74

— No trabalho de hoje houve a recomendação para que as sessões fossem de curta duração devido às pressões vibratórias negativas.

Logo de início manifestou-se o Venerável Bezerra de Menezes, que disse o seguinte: "Estou satisfeito com o que vejo. Os novos métodos, aplicados na medicina, serão de resultados mais seguros e menos dispendiosos. Os novos médicos, de futuro, irão lidar com aparelhos altamente eficientes; não haverá mais, de certa forma, necessidade de operações dolorosas e os próprios resgates poderão ser, algumas vezes, aliviados".

— Voltando ao laboratório, a médium foi levada para junto de aparelhos diversos, de alguns dos quais partiam tubos flexíveis em espiral; e tanques contendo água, mas não igual a nossa, sem consistência e geradora de energia vital; informaram dalí saem pequenas antenas que captam os eléctrons da atmosfera como também raios solares, acrescentando que em breve tempo poderosas forças energéticas seriam empregadas na Terra. Levaram-na ante um painel que servidores manipulavam para levar força vital a seres humanos desencarnados em trânsito, submetidos ali a tratamentos de purificação para eliminação de resíduos de doenças e de fluidos pesados. Segundo explicaram, o tempo de permanência dos seres nos aparelhos depende da natureza das doenças e das condições psíquicas de cada um. Quando muita impureza a eliminar, o ambiente ficava enevoado, exigindo também purificação. Estes aparelhos contém rádio fundido com outros metais. Explicaram também que este tipo de tratamento direto será o da própria medicina da Terra futuramente, sem necessidade de drogas químicas ou vegetais.

Os servidores que ali trabalham foram treinados para isso e serão também futuros instrutores na Terra pois haverão profundas alterações visando maior progresso espiritual.

— Neste ponto interrompemos o Instrutor para saber se haveria alguma dependência da Terra em relação ao planeta donde ele procedia levando-se em conta a distância. Ele respondeu que para eles não há distância, mas há uma certa dependência motivada por sintonia vibratória e afinidade espiritual entre os dois astros. Advertiu-nos que já estávamos na hora das grandes transformações que deviam se dar na Terra no campo dos acontecimentos espirituais e no de seus efeitos práticos. Na vida humana encarnada, os assuntos referentes à cura de moléstias sempre são de alto interesse pelas possibilidades nos oferecem de podermos cuidar de nossos semelhantes nos dias difíceis que atravessamos e que se aproximam. "Futuramente", disse, "para vocês energias novas moverão grandes máquinas acionadas não mais por eletricidade ou vapor mas, sim, pela luz solar e pelo magnetismo do ar, pois que neste campo há ainda muita coisa importante e preciosa que vocês desconhecem. Mas estão caminhando para isso, mormente no capítulo dos 'cérebros eletrônicos' que servirão para diagnosticar doenças e perturbações de todo tipo como também para cálculos científicos e o estabelecimento de sintonia com outros mundos siderais. Haverá para vocês grande revolução no setor da eletrônica, estudos avançados, descobertas e aperfeiçoamentos de computadores de fantástica precisão. Mas é necessário que tudo seja levado a termo no sentido do bem coletivo porque, caso contrário, ocorrerá a destruição do planeta pelos seus próprios artefatos mortíferos dentre os quais as bombas que vocês conhecem bem".[1]

"Construímos aparelhos minúsculos e não temos preocupações de espaço e tempo; e conhecendo as necessidades humanas, estamos cuidando do setor médico cirúrgico.

Um dos aparelhos se movimenta a pequena distância do corpo a operar; emite ondas vibratórias que provocam instantânea abertura e afastamento de tecidos, ao mesmo tempo, os retêm enquanto se atinge o órgão ou a região a tratar; e ao fim da operação outro aparelho age sobre os tecidos, promovendo o fechamento dos cortes feitos".

"Daremos também inspirações e instruções aos médicos que conseguirmos preparar na Terra para operarem substituições de órgãos sejam quais forem, de forma rápida e sem cortes, sangue, pontos ou infecções, alterando fundamentalmente os processos até hoje utilizados. Os transplantes de órgãos que já conseguem fazer são, a todos os títulos, precários, mas indicam que já existe despertamento para esses avançamentos futuros".

"Em nossos laboratórios fabricamos órgãos do corpo humano destinados às substituições, por moléstias ou deteriorações provenientes de cargas fluídicas pesadas e constantes, próprias da vida no ambiente terreno. O material a ser empregado pelos aparelhos de substituição é colocado no local exato do corpo e aí absorve os elementos deteriorados".

" As doenças que vocês têm na Terra são estigmas de imperfeições passadas, impregnadas nos perispíritos, conquanto, nos mundos inferiores como o vosso, os sofrimentos físicos e morais são oportunidades de purificação para maior aproximação com Deus Criador. A Terra decai rapidamente; vemos isso e nada podemos fazer por causa do livre-arbítrio

---

[1] Mensagem de 1974!

individual, o que é sempre respeitado. Mas, futuramente, na nova Terra terão vocês conhecimentos maiores, mais perfeitos, inclusive em relação ao que existe no exterior. Prosseguindo nos estudos ainda imperfeitos e medíocres que vocês realizam nas atuais atividades, tomarão conhecimento de outros lugares, outras formas de vida, outras verdades, utilizando aparelhos progressivamente mais aperfeiçoados, até atingirem alta precisão e oferecerem outras perspectivas mais amplas e perfeitas de vida".

13-11-74

O Instrutor nesta sessão passou a fornecer alguns dados sobre o planeta Netuno.

O ambiente de Netuno é envolto em névoa rosada e através dessa névoa penetra a luz, cujos reflexos dão ao ambiente interno as cores rosada e azulada. A médium vê, ao longe, aglomerações de seres de forma humana, em volta de uma piscina natural com a água batida de reflexos azulados. Os seres se divertem incluindo-se crianças que, comparadas com as da Terra, mostram ter 3 a 4 anos. Como aspectos, todos são louros e alegres e sente-se ali muita paz. Mais além, veem-se plantas de cor verde acinzentada, com folhas de formas diversas. Vê-se também uma praia de mar muito manso com inúmeros seixos rolados e plantas marinhas parecidas com cactos arredondados. Auxiliares surgem apanham vários deles e os transportam para um edifício – que é um laboratório segundo informa o Instrutor – onde são postos em recipientes sobre uma espécie de fogão sem fogo, pois funciona à luz solar e onde as plantas são cozidas e depois exprimidas entre moendas pequenas, donde escorre um líquido leitoso, espesso, que é passado por outros aparelhos, resultando três substâncias que são: uma pasta mole como um mingau, outra mais dura, porém maleável como um chiclete e outra ainda mais densa, sólida, na forma de pastilhas que facilitam transporte e conservação.

Para as futuras modificações e adaptações, a ciência em geral já deve ir sendo preparada com base em informações gerais como estas. As situações de Júpiter e Netuno nestes particularizados conhecimentos são assemelhados e futuramente a Terra também o será. Haverá degelo na Terra por pressão exterior, antecedido de larga época de calor intenso e abrasador como o próprio Evangelho de Jesus o diz, segundo Mateus um dos apóstolos, e um novo planeta vai surgir no tempo marcado ao lado da Terra, com os climas e condições ambientais que forem necessárias para o cumprimento de seu destino no nosso sistema estelar.

22-11-74

— Na reunião de hoje o Instrutor disse que, no momento, o que mais preocupa o grupo de entidades encarregadas das revelações necessárias ao momento, é ajudar o Espiritismo a adotar uma orientação nova no conjunto das atividades de relacionamento cósmico, a começar nas realizações práticas que, por onde quer que se observem, deixam a desejar e se apresentam sem unidade, sem alvo maior, face à grandiosa missão que lhe cabe realizar na Terra.

Este Grupo tem estudado a situação com realismo e considera que a primeira providência objetiva a tomar é selecionar os médiuns, aprimorar e desdobrar as escolas de formação evangélica e mediúnica, rigorosamente estruturadas nas condições técnicas e morais 'que devem ser os alvos a atingir.

Também considera que qualquer selecionamento dos médiuns atualmente existentes, não resolve completamente o problema porque as exigências a fazer, – técnicas, morais e psíquicas – são muito rigorosas e demoradas, mas melhorariam até um certo ponto as precárias condições atuais.

Para auxiliar o intercâmbio propriamente dito foi resolvido criar-se um aparelho simples e perfeito que, aplicado a cada médium indicasse imediatamente seu teor vibratório individual, dando a situação do médium nos três setores acima citados e aceitando aqueles cuja vibração global estivesse à altura da sintonia dos planos espirituais superiores sendo aptos, portanto, ao intercâmbio a manter com estes.

Os médiuns passariam por uma espécie de *check-up* espiritual indicador dos defeitos e outras condições individuais para o exercício da tarefa, excluindo-se aqueles que se mostrassem negativos ao recebimento e transmissão de comunicações, instruções etc.

Este desenvolvimento, destinado a intercâmbio em escala mais elevada, não invalida e é feito, de início, sem prejuízo dos processos empregados atualmente e que correspondem às possibilidades dos médiuns que os executam, e até que se preparem para uma atividade mais perfeita, no futuro.

Disse mais: que assim que esse aparelho esteja construído no Laboratório do Grupo os programas poderão então ser desenvolvidos e os médiuns atuais selecionados como os mais aptos ao início de um trabalho de base, e que até lá devemos aguardar novas instruções mantendo em execução o selecionamento como está sendo feito.

PARTE IV
CITAÇÕES

Seleção de trechos de alguns livros de notáveis personalidades do mundo espiritual, que compartilharam experiências e esclarecimentos sobre os temas aqui abordados.

Livro *EVOLUÇÃO EM DOIS MUNDOS*
Do Espírito André Luiz - Psicografado por Chico Xavier

NOSSA GALÁXIA

Para idearmos, de algum modo, a grandeza inconcebível da Criação, comparemos a nossa galáxia à grande cidade perdida entre incontáveis grandes cidades de um país cuja extensão não conseguimos prever.

Tomando o sol e os mundos nossos vizinhos como apartamentos de nosso edifício, reconheceremos que em derredor repontam outros edifícios em todas as direções. Assestando instrumentos de longo alcance de nossa sala de estudo, perceberemos que nossa casa não é a mais humilde, mas que inúmeras outras lhe superam as expressões de magnitude e beleza.

Aprendemos que, além de nossa edificação, salientam-se palácios e arranha-céus como Betelgeuse, no distrito de Orion, Canôpus, na região do Navio, Arcturo, no conjunto do Boieiro, Antares, no centro de Escorpião, e muitas outras residências senhoriais, imponentes e belas, exibindo uma glória perante a qual todos os nossos valores se apagariam.

Por processos ópticos verificamos que nossa cidade apresenta uma forma espiralada e que a onda de rádio, avançando na velocidade da luz, gasta mil séculos terrenos para percorrer-lhe o diâmetro. Nela surpreenderemos milhões de lares, nas mais diversas dimensões e feitios, instituídos de há muitos, recém organizados, envelhecidos ou em vias de instalação, nos quais a vida e a experiência enxameiam vitoriosas.

FORÇAS ATÔMICAS

Toda essa riqueza de plasmagem, nas linhas da criação, ergue-se à base de corpúsculos sob irradiação da mente, corpúsculos e irradiações que no estado atual dos nossos conhecimentos, embora estejamos fora do plano físico, não podemos definir em sua multiplicidade de configurações, porquanto a morte apenas dilata as nossas concepções e nos aclara a introspecção, iluminando-nos o senso moral, sem resolver, de maneira absoluta os problemas que o Universo nos propõe a cada passo, com os seus espetáculos de grandeza.

Semelhantes mundos servem à finalidade a que se destinam, por longas eras consagrados à evolução do Espírito, até que, pela sobrepressão sistemática, sofram o colapso atômico pelo qual se transmutam em astros cadaverizados. Essas esferas mortas, contudo, volvem a novas diretrizes dos agentes divinos para reconstrução das moradias celestes, nas quais a obra de Deus se estende e perpetua, em Sua glória criativa.

O FLUIDO CÓSMICO

O fluido cósmico é o plasma divino, hausto do Criador ou força nervosa do Todo-Sábio. Nesse elemento primordial, vibram e vivem constelações e sóis, mundos e seres, como peixes no oceano.

CO-CRIAÇÃO EM PLANO MAIOR

Nessa substância original, ao influxo do próprio Senhor Supremo, operam as Inteligências Divinas a Ele agregadas, em processo de comunhão indescritível, os grandes Devas da teologia hindu ou os Arcanjos da interpretação de variados templos religiosos, extraindo desse hálito espiritual os celeiros da energia com que constroem os sistemas da Imensidade, em serviço de Cocriação em plano maior, de conformidade com os desígnios do Todo Misericordioso, que faz deles agentes orientadores da Criação Excelsa.

Essas Inteligências Gloriosas tomam o plasma divino e convertem-no em habitações cósmicas, de múltiplas expressões, radiantes ou obscuras, gaseificadas ou sólidas, obedecendo a leis predeterminadas, quais moradias que perduram por milênios e milênios, mas que se desgastam e se transformam, por fim, de vez que o Espírito Criado pode formar ou co-criar, mas só Deus é o Criador de Toda a Eternidade.

IMPÉRIOS ESTELARES

Devidas à atuação desses Arquitetos Maiores, surgem nas galáxias as organizações estelares como vastos continentes do Universo em evolução e as nebulosas intragaláticas como imensos domínios do Universo, encerrando a evolução em estado potencial, todas gravitando ao redor de pontos atrativos, com admirável uniformidade coordenadora. É aí, no seio dessas formações assombrosas, que se estruturam, inter relacionados, a matéria, o espaço e o tempo, a se renovarem constantes, oferecendo campos gigantescos ao progresso do Espírito.

Cada galáxia quanto cada constelação guarda no cerne a força centrífuga própria, controlando a força gravítica, com determinado teor energético, apropriado a certos fins.

A Engenharia Celeste equilibra rotação e massa, harmonizando energia e movimento, e mantém-se, desse modo, na vastidão sideral, magnificentes florestas de estrelas, cada qual transportando consigo os planetas constituídos e em formação, que se lhes vinculam magneticamente ao fulcro central, como os elétrons se conjugam ao núcleo atômico, em trajetos perfeitamente ordenados na órbita que se lhes assinala de início.

" O fluido cósmico ou fluido universal é o elemento primordial onde vibram e vivem constelações e sóis, mundos e seres como peixes no oceano. Nele operam as inteligências gloriosas que tomam o plasma e convertem-no em habitações cósmicas, de múltiplas expressões, tais moradias perduram por milênios, formam assim impérios Estelares e no seio dessas formas assombrosas se estruturam a matéria, o espaço e o tempo oferecendo campos gigantescos ao progresso dos seres."

Livro *A GÊNESE*

De Allan Kardec

Capítulo 18

"Por que a Terra, pequeno globo imperceptível na imensidade do cosmos seria a única morada entre tantos mundos.

Que homem sensato pensaria que em tantos mundos seríamos os únicos. Chegamos, pois, a concluir pela pluralidade dos mundos habitados e esse raciocínio é confirmado pelas revelações dos Espíritos. Todos esses mundos são habitados por seres corporais apropriados à constituição física de cada globo e entre os habitantes desses mundos há os que são mais adiantados do que nós, do ponto de vista intelectual, moral e mesmo físico.

Ainda mais, sabemos hoje, que podemos entrar em relação com eles e obter informações sobre o seu estado. Sabemos igualmente que não apenas são habitados todos os globos por seres corpóreos, mas que o espaço é povoado de seres inteligentes, a nós invisíveis por causa do véu material e que revelam sua existência por meios ocultos ou patentes.

Assim, tudo é povoado no universo, a vida e a inteligência estão por toda parte, nos globos sólidos, no ar, nas entranhas da Terra, e até nas profundezas etéreas... Nos planetas desconhecidos que se estadeiam ao vosso redor... Uma portentosa diversidade inimaginável, se acha espalhada para tais moradas eternas que vagam nos espaços."

Capítulo 10
A vida universal

Que as obras de Deus estejam criadas para o pensamento e a inteligência, que os mundos sejam a morada de seres que os contemplam e descobrem sob o véu o poder e a sabedoria daquele que os forma, essa questão não é duvidosa para nós; mas que as almas que os povoam sejam solidárias, isso é o que importa conhecer.

A inteligência humana, com efeito, tem dificuldade para considerar esses globos radiosos que cintilam na extensão, como simples massa de matéria inerte e sem vida, tem dificuldade de pensar que nessas regiões longínquas, de magníficos crepúsculos e noites esplêndidas, de sóis fecundos e de dias cheios de luz, de vales e de montanhas onde as produções múltiplas da Natureza desenvolvem toda a sua pompa luxuriante, tem dificuldade para imaginar, digo eu, que o espetáculo divino onde a alma pode se retemperar como em sua própria vida, esteja despojado da existência e privado de todo ser pensante que possa conhecê-lo.

Uma mesma família humana foi criada na universalidade dos mundos, e os laços de uma fraternidade, ainda inapreciável de vossa parte, foram dados a esses mundos.

Se esses astros que se harmonizam em seus vastos sistemas, são habitados por inteligência, não são por seres desconhecidos uns dos outros, mas sim seres marcados na fronte pelo mesmo destino, que devem se reencontrar momentaneamente segundo suas funções da vida, e se procurarem segundo suas simpatias mútuas; é a grande família de Espíritos que povoam as terras celestes; é a grande irradiação do Espírito divino que abarca a extensão dos céus, e que permanece como tipo primitivo e final da perfeição espiritual.

DIVERSIDADE DOS MUNDOS

Seguistes-nos em nossa excursão celeste, e visitastes conosco as regiões imensas do espaço. Sob nossos olhares, os sóis sucederam os sóis, os sistemas aos sistemas, as nebulosas as nebulosas, o panorama esplêndido da harmonia do Cosmos se descortinou diante de nossos passos, e recebemos um antegozo da ideia do Infinito, que não podemos compreender em toda sua extensão senão segundo nossa perfectibilidade futura.

Os mistérios do éter descerraram os seus enigmas, até agora indecifráveis, e concebemos, pelo menos, a ideia da universalidade das coisas. Importa, determo-nos e refletirmos.

...Não vedes, pois, ao redor de cada um dos sóis do espaço, sistemas semelhantes ao vosso sistema planetário; não vedes sobre esses sistemas desconhecidos, os três reinos da natureza que brilham ao vosso redor mas, pensais que do mesmo modo que um rosto de homem não se parece com nenhum outro em todo o gênero humano, assim também uma diversidade prodigiosa, inimaginável, manifestou-se nas moradas eternas etéreas que vagam no seio do espaço.

Capítulo 14

Pergunta: "Nos planetas desconhecidos que se estadeiam ao nosso redor...

Resposta: Uma portentosa diversidade, inimaginável, se acha espalhado por tais moradas, eternas que vão nos Espaços.

Livro *NO LIMIAR DOS GRANDES ACONTECIMENTOS*

Capítulo 119

No local onde nos encontramos, muito profundo e crescente é o nosso interesse pelos estudos, os quais vão sendo aperfeiçoados por nós, ao preço de iniciativas nem sempre facilmente conquistadas.

Como já tive ocasião de observar, as minhas atividades se desenvolvem em torno de um grande número de entidades que apenas se dedicam aos problemas de socorro espiritual e todas as almas que sofrem e se redimem na Terra, no cadinho das renúncias e dos grandes sacrifícios.

Ultimamente, estivemos reunidos em extraordinários movimentos, junto à ponte a que já me referi, e que atravessa a distância incomensurável que separa o vosso orbe da primeira esfera que lhe é concêntrica. São inúmeros os Espíritos que se debatem do lado oposto àquele em que nos encontramos, esforçando-se para realizarem a difícil travessia.

Livro *A CAMINHO DA LUZ*

De Emmanuel - Psicografado por Chico Xavier

"Tomando o sol e os mundos, nossos vizinhos como apartamentos de nosso edifício, reconheceremos que em derredor reportam edifícios em todas as direções, nossa casa não é a mais humilde, mas inúmeras outras lhe superam as expressões de magnitude e beleza."

Além de nossa edificação salientam-se palácios e arranha-céus como Betelgeuze, Arcturus, Antares e muitas outras residências senhoriais...

O SISTEMA CAPELA

"Nos mapas zodiacais, que os astrônomos terrestres compulsam em seus estudos, observa-se, desenhada, uma grande estrela na constelação do Cocheiro, que recebeu na Terra, o nome de Cabra ou Capela. Magnífico Sol entre os astros que nos são vizinhos, ela, na sua trajetória pelo infinito, faz-se acompanhar, igualmente, da sua família dos mundos, cantando as glórias divinas do ilimitado.

Há muitos milênios, um dos orbes da Capela, que guarda muitas afinidades como o globo terrestre, atingirá a culminância de um dos seus extraordinários ciclos evolutivos.

Alguns milhões de Espíritos rebeldes lá existiam, no caminho da evolução geral, dificultando a consolidação das penosas conquistas.

...Esses seres seriam degredados na face obscura do planeta terrestre; andariam desprezados na noite dos milênios da saudade e da amargura; reencarnariam no seio das raças ignorantes e primitivas, a lembrarem o paraíso perdido nos firmamentos distantes".

Livro *O CONSOLADOR*
De Emmanuel - Psicografado por Chico Xavier

Pergunta 71: Como julgar a posição da Terra em relação aos outros mundos?

Resposta de Emmanuel: "A grandeza do plano sideral onde se agita a comunidade dos sistemas é demasiado profunda para que possamos assinalar-lhe a definição com os mesquinhos formulários da Terra.

No turbilhão do infinito, o sistema planetário centralizado pelo nosso Sol é excessivamente singelo, constituindo um aspecto muito pobre da criação.

Basta lembrar que Capela, um dos nossos vizinhos mais próximos, é um Sol 5.800 vezes maior que o nosso astro do dia, sem esquecermos que a Terra é 1.300.000 vezes menor que o nosso Sol.

Nessas cifras grandiosas, compreendemos a extensão da nossa humildade no universo, apiedando-nos, sinceramente, da situação dos conquistadores humanos em todos seus matizes, nos quais, com o fim de açambarcarem patrimônios materiais, nos dão a impressão de ridículos e vaidosos polichinelos da vida."

Pergunta 72: Existem planetas em condições piores que as da Terra ?

Resposta de Emmanuel: "Existem orbes que oferecem piores perspectivas de existência que o vosso e, no que se refere a perspectivas, a Terra é um plano alegre e formoso de aprendizado.

O único elemento que aí destoa da natureza é justamente o homem, avassalador pelo egoísmo.

Conhecemos planetas onde os seres que os povoam são obrigados a um esforço contínuo e penoso para aliciar os elementos essenciais à vida; outros ainda, onde numerosas criaturas se encontram em doloroso degredo. Entretanto, no vosso, sem que haja qualquer sacrifício de vossa parte, tendes gratuitamente céu azul, fontes fartas, abundância de oxigênio, árvores amigas, frutos e flores, cor e luz, em santas possibilidades de trabalho, que o homem há renegado em todos os tempos."

Pergunta 73: "A humanidade terrestre é idêntica a de outros orbes?

Nas expressões física, semelhante analogia é impossível, em face das leis substanciais que regem cada plano evolutivo; mas, procuremos entender por humanidade a família espiritual de todas as criaturas de Deus que povoam o Universo e, examinada a questão sob esse prisma, veremos a comunidade terrestre identificada com a coletividade universal.

Pergunta 74: O homem científico poderá encarar com êxito as possibilidades de uma viagem interplanetária?

Resposta de Emmanuel: " Pelo menos enquanto perdurar a sua atitude de confusão, de egoísmo e rebeldia, a humanidade terrestre não deve alimentar qualquer projeto de viagem interplanetária.

Que dizermos do homem que, sem dispor de ordem na sua própria casa, quisesse invadir a residência dos vizinhos? Se tantas vezes as criaturas terrestres têm menosprezado os bens que a providência divina lhes colocou nas mãos, não seria justo circunscrevê-las ao seu âmbito acanhado e mesquinho?

O insulamento da Terra é um bem inapreciável.

Observemos as expressões do progresso humano, movimentadas para a guerra e para destruição, nos trunfos dá força, e rendamos louvores ao Pai celestial para não haver dilatado no orbe terreno os processos de observação das suas vaidosas criaturas.

Pergunta 75: Na diversidade de suas experiências, é o Espírito obrigado a adaptar-se às condições fluídicas de cada orbe?

Resposta de Emmanuel: "Esse é um imperativo para aquisição de seus valores evolutivos dentro das leis do aperfeiçoamento.

...Não olvidemos, contudo, que a Terra é uma escola."

Livro *A VIDA EXTRATERRESTRE*

De Allan Kardec - Psicografado por Chico Xavier

Anunciando a época de renovação que se havia de abrir para a humanidade e determinar o fim do velho mundo.

Livro *PLURALIDADE DOS MUNDOS*

De Allan Kardec - Psicografado por Chico Xavier

Cap. 18 - item 10

"O homem da Terra está longe de ser, como crê, o primeiro em inteligência, em bondade e perfeição."

Resposta: "Há homens que se creem muito fortes, que imaginam que somente seu pequeno globo tem o privilégio de abrigar racionais."

"Orgulho vaidade! julgam de Deus criou o Universo só para ele"

REVISTA ESPÍRITA nº1

De Allan Kardec

"Porque a Terra, pequeno globo imperceptível na imensidão do Universo dentre tantas outras é a única morada de seres racionais pensantes"? Respostas: "Que homem sensato poderia crer que esses milhões de astros que cintilam sobre nossas cabeças foram feitos somente para recrear nossos olhos? Qual seria então, a utilidade desses outros milhões de globos invencíveis ao olho nu? Chegamos, pois a concluir pela pluralidade dos mundos habitados, e esse raciocínio é confirmado pelas revelações dos Espíritos.

Todos esses globos são habitados por seres corporais apropriados à constituição física de cada globo, entre os habitantes desses mundos, uns são mais, outros menos adiantados do que nós do ponto de vista intelectual, moral e mesmo físico.

Ainda mais sabemos hoje que podemos entrar em relação com eles e obter informações sobre o seu estado, sabemos igualmente que não apenas são habitados todos os globos por seres corpóreos, mas que o espaço é povoado de seres inteligentes, a nós invisíveis por causa do véu material e que revelam sua existência por meios ocultos ou patentes.

Assim tudo é povoado no Universo, a vida e a inteligência estão por toda parte nos globos sólidos, no ar, nas entranhas da Terra, e até nas profundezas etéreas. Haverá nessa doutrina alguma coisa que repugna a razão?, não é ao mesmo tempo grandiosa e sublime?

Ela nos eleva pela nossa própria pequenez, bem ao contrário, deste pensamento egoísta e mesquinho que nos coloca como os únicos seres dignos de ocupar o pensamento de Deus".

Livro *GRANDE ESPIRITUALIDADE*

Capítulo 118

Todavia, o que mais me admirou não foram as expressões físicas deste planeta, tão adiantado em comparação com o vosso. Nele a sociedade está constituída de tal forma, que as guerras ou os flagelos seriam jamais previstos ou suspeitados. A vibração de paz e de harmonia que ali se experimenta irradia aos corações felicidade nunca sonhada na Terra. A mais profunda espiritualidade caracteriza essa humanidade, rica de amor fraterno e respeito ao Criador. Não me é possível de momento falar-vos sobre a organização de suas coletividades, regidas à base do melhor da fraternidade. Espero, porém, ainda fazê-lo com a permissão do nosso Pai.

O LIVRO DOS ESPÍRITOS

De Allan Kardec

Pergunta 172: "As nossas diferentes existências corporais se passam todas sobre a Terra"?

Resposta: "Não, não todas, mas nos diferentes mundos; a que passamos nesse globo não é a primeira, nem a última e é uma das mais materiais e das mais distanciadas da perfeição."

Pergunta 173: "A alma, a cada nova existência corporal, passa de um mundo a outro ou pode viver várias vezes sobre o mesmo globo"?

Resposta: "Pode reviver muitas vezes no mesmo globo se não bastante avançada para passar para o mundo superior." Assim como podemos reaparecer várias vezes sobre a Terra? Certamente.

Podemos voltar a ela depois de termos vivido em outro mundo?

Seguramente; já vivestes em outros mundos e sobre a Terra."

Pergunta 181: Os seres que habitam os diferentes mundos têm corpos semelhantes ao nosso ?

"Sem dúvida, eles têm corpos porque é preciso que o Espírito esteja revestido de matéria para poder agir sobre a matéria; mas esse envoltório é mais ou menos material de acordo com o grau de pureza a que chegaram os Espíritos, e é isso que diferencia os mundos que devemos percorrer. Há várias moradas na casa de nosso Pai e muitos graus, portanto. Alguns sabem disso e estão conscientes aqui na Terra; outros nada sabem.'

Capítulo 12

Pergunta 894: "Há pessoas que fazem o bem por um gesto espontâneo, sem que tenham que vencer algum sentimento contrário; tem elas igual mérito que as que têm que lutar contra sua própria natureza e que a superam?

Resposta: As que não têm que lutar é porque nelas o progresso está realizado, já notaram outra hora e triunfaram. Por isso, os bons sentimentos não lhes custam nenhum esforço, e as ações parecem todas simples: tornou-se para ela um hábito. Deve ser honrá-las, como velhos guerreiros que conquistaram suas posições.

Como estais ainda longe da perfeição, exemplos pós-plantão pelo contraste e as admirais tanto mais porque são raros. Mas saber bem, nos mundos mais avançados que o vosso, o que é entre vós é uma exceção, é uma regra ali o sentimento do bem espontâneo em todos, porque não são habitados senão por bons Espíritos, e uma só má intenção ali seria uma exceção monstruosa. Eis porque os homens de lá são felizes e o será assim sobre a Terra quando a Humanidade estiver transformada, e quando compreender e praticar a caridade na sua verdadeira acepção".

Pergunta 174: "Voltar a habitar a Terra é uma necessidade?

Resposta: Não, mas se não progredistes, podereis ir a outro mundo que não seja melhor, e que pode ser pior."

Livro *CARTAS DE UMA MORTA*

De Maria João de Deus - Psicografado por Chico Xavier

CAPÍTULO 106 - UMA EXPEDIÇÃO DE ESTUDOS

"Ainda há pouco tempo, eu e mais dois companheiros, fomos escolhidos para uma expedição de estudos, atinentes à luz, sem que eu esperasse, elevado mentor nos conduziu bondosamente a um plano cuja beleza jamais suspeitei existir.

Quando nos afastamos da esfera que nos serve de habitação nunca nos sentimos, de forma imediata, muito à nossa vontade. É o mesmo que acontece ao homem terreno quando arrebatado e inopinadamente do seu meio. Há sempre, nos que se mudam, no tocante às condições ambientais, a sensação de estranheza. Felizmente, semelhantes emoções pouco nos dominam em razão de termos ampliado as nossas faculdades de ação, e educação à vontade e disciplinando os sentimentos.

Como dizia porém, atravessamos abismos de luz e hiatos dos espaços, cheios de frio e de treva, não obstante o nosso mentor e guia asseverar que o espaço nunca está vazio, havendo em todos os seus recantos, manifestações de vida, que nem sempre nos é dado conhecer.

Em certa altitude, contemplamos o orbe terrestre que não era mais que uma estrela na imensidade, brilhando com sua luz avermelhada, refletindo a claridade do Sol que por sua vez se nos afiguravam uma lâmpada maior que as do uso comum, até que o centro radioso do nosso sistema e seus companheiros que rodopiavam na imensidade, em condições de planetas opacos, figuravam pirilampos perdidos ao longe, no silêncio aparente do infinito. Mas, o espetáculo ao nosso lado era sedutor e deslumbrante."

Capítulo 107 - TRÊS SÓIS DE CORES DIVERSAS

"Penetramos numa atmosfera rosada, plena de luz, mas de claridade suave, que se irradiava espalhando sons dentro da mais harmoniosa das cadências que os meus ouvidos escutaram nas condições de minha nova vida. Sobre as nossas frontes, contemplávamos, então, um sol magnífico, cor-de-rosa quase enrubescido, emprestando ao ambiente, em que nos movíamos, as mais estranhas cambiantes. Todavia, não ficou aí a novidade.

A seguir, percebemos que uma estrela esverdeada brilhava no infinito dos céus, misturando as suas claridades esmeraldinas com as tonalidades róseas, que se estampavam em todas as coisas e, de repente, enquanto uma dessas estrelas se encontravam no zênite e a outra prestes a desaparecer nos horizontes desse planeta maravilhoso, outro sol surgia, amarelo, cor de laranja amadurecida, tonalizando como um elemento novo as paisagens.

As ousadas concepções dos pintores terrenos ficariam aquém das sublimes realidades por nós observadas, referentes aos efeitos da luz, nesse sistema de encantamento. O elemento sólido do orbe que pisávamos, num dos mundos privilegiados que giram em torno desses três sóis de cores diversas, era formado de substâncias que não é possível descrever. Mas, lá, observei, a existência de oceanos e florestas, jardins, minerais, animais c muitas outras coisas que equivalem aos objetos e manifestações da vida sobre a Terra."

Capítulo 111 - AS AFINIDADES RACIAIS

O amor, a esperança, a tristeza, a fé, a confiança, o caráter, a sinceridade, e demais atributos da personalidade humana, aqui estão vivos, palpitantes.

Tenho observado porém que apesar de livre do perigo das lutas fratricidas, entre todos existe grande movimento de afinidade racial, parecendo-me que a questão das raças aí na Terra está subordinada a um forte ascendente de natureza espiritual.

Os saxões, os latinos, os árabes, os orientais, e os africanos foram aqui grandes falanges, à parte, e em locais diferentes uns dos outros.

Nos núcleos de suas atividades, conservam os costumes que os caracterizam e é profundamente interessante observarmos de perto como essas colônias espirituais diferem umas das outras, apesar de se encontrarem ligadas pelos mais santos laços da fraternidade e do amor.

Capítulo 114 - O PLANETA MARTE

"Meus amigos, é com permissão dos nossos Guias dos planos superiores que desejo prosseguir, nesta noite, as minhas narrativas de Além Túmulo.

Não está em nós a presunção de resolver incógnitas científicas e nem derrogar os decretos do Altíssimo, que, do lado de cá, nos merece a mais sublime de todas as venerações. Escrevo esta impressões somente objetivando a consolação dos que sofrem, visando a amplitude das esperanças dos que nos compreendem, a fim de que aguardem, confiantes na bondade de Deus, o prêmio compensador da vida em outras paragens mais felizes, onde a alegria não se extingue, como na Terra, e a paz é uma vibração permanente do pensamento de todas as criaturas.

Aqui, tenho aprendido que há mundos de todas as espécies, diversificados em sua natureza como a essência dos sentimentos das almas. Mundo de dor, de ventura, de aprendizado, de luta, de regeneração. Todas essas distantes pátrias, que os vossos telescópios focalizam, dentro da noite imensa, não poderiam estar vazias e abandonadas. Não se compreende uma cidade edificada, rica de monumentos e obras, sem habitantes e sem vida.

Os planetas, que rolam no infinito, constituem a família universal, por excelência. Cada um deles comporta uma humanidade, irmã de todas as outras que vibram na imensidade. É toda vaidade do homem terreno afirmar-se a única criatura pensante do Universo, mesmo porque a Terra é um dos planos mais obscuros e mais repletos de amargura para quantos já experimentaram algo das felicidades imorredouras, que a evolução do sentimento e do raciocínio pode facultar. Para as almas acendradas no amor, a Terra é bem o recanto do exílio e das sombras.

Todavia, vós outros, os que estudais, tomados da disposição benéfica de conhecer a vida espiritual, em suas mais remotas e múltiplas modalidades, deveis arquivar no coração o tesouro divino da esperança. Se na atualidade as dores vos assediam, sabeis que a vida não se circunscreve no âmbito mesquinho do orbe terráqueo.

Patrimônio da criação e divindade de todas as coisas, é ela a vibração luminosa que se estende pelo infinito, dentro de sua grandeza e do seu sublime mistério."

CAPÍTULO 117 - A EVOLUÇÃO MARCIANA

"Assegurou-me, ainda, o desvelado mentor espiritual que a humanidade de Marte evoluiu mais rapidamente que a da Terra e que desde os pródromos da formação de seus núcleos sociais, nunca precisou destruir para viver, longe das concepções dos homens terrenos cuja vida não progrediu sem a morte e cujos estômagos estão sempre cheios de vísceras e de víveres de outros seres da criação.

O dia ali é igual ao da Terra, pois conta 24 horas e quase 40 minutos, mas os anos constam de 668 dias, tornando as estações mais demoradas, sem transformações bruscas de ordem climática que tanto prejudicam a saúde humana.

Disse-me ainda, o mestre, que os marcianos já descobriram grande parte dos segredos das forças ocultas da natureza. Conhecem os profundos enigmas da eletricidade, sabendo utilizá-la com maestria. Nas questões astronômicas são eminentemente mais adiantados do que seus companheiros da Terra, compreendendo todos os fenômenos e a maior parte dos mistérios da natureza de vosso planeta.

Vi lá formidáveis aparelhos fotoelétricos que registram, com precisão matemática, a quase totalidade das expressões fenomênicas dos mundos que estão mais próximos desse orbe maravilhoso.

Em vez do satélite que ilumina as vossas noites, observei que Marte é seguido por duas luas que parecem gravitar uma em torno da outra, porém menores, muito menores que a vossa."

Livro *RENÚNCIA - PLANETA SIRIUS*

De Emmanuel - Psicografado por Chico Xavier

(Nós que saímos juntos do mesmo sopro de vida, chegaremos juntos aos braços amoráveis do eterno)

...Pouco depois, ei-la que aporta em portentosa esfera, inconfundível em magnificência e grandeza.

Um espetáculo maravilhoso de suas perspectivas, excedida a tudo que pudesse caracterizar a beleza, no sentido humano.

A sagrada visão do conjunto permanecia muito além da famosa cidade dos santos, idealizada pelos pensadores do Cristianismo.

Três sóis rutilantes despejavam no solo arminhoso oceano de luz mirífica, em cambiância, inéditas, como lampadários celestes acesos para edênico festim de gênios imortais.

Primorosas construções, engalanadas de flores indescritíveis tomaram a forma de castelos talhados em filigrana dourada, com irradiações de efeito policromos.

Seres alados iam e vinham, obedecendo a objetivos santificantes, num trabalho de natureza superior, inacessível à compreensão dos terrícolas.

Alcione penetrou num templo de majestosas proporções, dominada por pensamentos intraduzíveis.

Muito acima da nave radiosa, eleva-se uma torre translúcida, trabalhada em substância sólida e transparente, semelhante ao cristal, de cujo interior jorravam melodias harmoniosas.

O santuário augusto era uma vasta colmeia de trabalho e oração.

Livro *JUSTIÇA DIVINA - O LUGAR DO PARAÍSO*

De Emmanuel - Psicografado por Chico Xavier

Para além do mais além, espraia-se o Universo infinito, em todas as direções. O homem terrestre já mentaliza Vênus e Marte, Júpiter e Saturno, lares pendentes do colo maternal do Sol que nos anima, por territórios atingíveis.

Não nos referiremos em página tão simples à estatística dos milhões de quilômetros que separam os grandes mundos entre si. Recordemos tão-só que a galáxia em que respiramos agora, dentro da qual a nossa Terra pode ser comparada a uma laranja no Oceano Pacífico, dista da galáxia mais próxima centenas de anos-luz. E, compreendendo-se que um ano-luz representa mais de nove trilhões de quilômetros, já que a luz se projeta com a velocidade de trezentos mil quilômetros por segundo, é fácil imaginar a grandeza da Criação. Temos, desse modo, a enxamearem, nas vastidões do Cosmo, sóis e planetas incontáveis, todos eles vinculados às pluriformes esferas espirituais em que se continuam.

Aí, aglutinam-se, funcionam, desintegram-se e refazem-se mundos de todas as condições, no incessante quimismo dos elementos.

Mundos-santuários

Mundos-escolas

Mundos-sementeiras

Mundos-searas

Mundos-desertos

Mundos-jardins

Mundos-hospitais

Mundos-penitenciárias

Mundos-oficinas

Mundos-museus

Livro *NOS DOMÍNIOS DA MEDIUNIDADE*

De André Luiz - Psicografado por Chico Xavier

Em matéria de mediunidade, não nos esqueçamos do pensamento. Nossa alma vive onde se lhe situa o coração. Caminhamos ao influxo de nossas próprias criações, seja onde for. A gravitação no campo mental é tão incisiva, quanto na esfera da experiência física.

Servindo ao processo geral, move-se a alma na glória do bem. Emparedando-se no egoísmo, arrasta-se, em desequilíbrio, sob as trevas do mal.

A Lei Divina e o Bem de Todos

Colaborar nos seus propósitos sábios é iluminar a mente e clarear a vida. Opor-lhe entraves, a pretexto de acalentar caprichos perniciosos, é obscurecer o raciocínio e coagular a sombra ao redor de nós mesmos. É indispensável ajuizar quanto à direção dos próprios passos, de modo a evitarmos o nevoeiro da perturbação e a dor do arrependimento.

No domínio do Espírito não existe a neutralidade. Evoluímos com a luz eterna, segundo os desígnios de Deus ou estacionamos nas trevas, conforme a indébita determinação do nosso "eu".

Não vale encarnar-se ou desencarnar-se simplesmente. Todos os dias, as formas se fazem e desfazem. Vale a renovação interior com acréscimo de divisão, a fim de seguirmos a frente, com a verdadeira noção da eternidade em que nos deslocamos no tempo.

Consciência pesada de propósitos malignos, revestida de remorso, repleta de ambições desvairadas ou denegrida de aflições, não pode senão, atrair forças semelhantes que a encadeiam a torvelinhos infernais.

A obsessão é sinistro conúbio da mente com o desequilíbrio comum das trevas. Pensamos e exprimimos e sem resistência ao objeto idealizado. O resultante visível de nossa cogitação mais íntima denuncia a condição espiritual que nos é próprio, e quanto se afinam com a natureza de nossas inclinações e desejos aproximam-se de nós pelas amostras de nossos pensamentos.

Se persistirmos nas esferas mais baixas da experiência humana, os que ainda jornadeiam nas linhas da animalidade nos procuram, atraídos pelo tipo de nossos impulsos inferiores, absorvendo as substâncias mentais que emitimos e projetando sobre nós, os elementos de que se fazem portadores.

Imaginar e criar. E toda criação tem a vida em movimento ainda que ligeiro, impondo responsabilidade à consciência que a manifesta. E como vida e movimento se vinculam aos princípios de permuta, é indispensável analisar o que damos, a fim de ajuizar quanto daquilo devemos perceber. Quem apenas mentaliza angústia e crime, miséria e perturbação, poderá refletir no espelho da própria alma outra imagem que não seja da desarmonia e do sofrimento? Um viciado entre os santos não me reconheceria pureza, de vez que se alimentado das próprias emanações, nada conseguiria enxergar senão as próprias sombras.

Capítulo 13 - PENSAMENTO E MEDIUNIDADE

Quem vive a procurar pedras na estrada, certamente não encontrará apenas calhaus subservientes. Quem se detenha indefinidamente na medição de lama está ameaçado de afogamento no lodo. O viajante fascinado pelos sarçais, à beira do caminho, sofre o risco de enlouquecer entre os espinheiros do mato inculto. Vigiemos o pensamento, purificando-o no trabalho incessante do bem, para que arrojemos de nós a grilheta capaz de acorrentar-nos a obscuros processos de vida inferior. É da forja viva da ideia que saem as asas dos anjos e as algemas dos condenados. Pelo pensamento, escravizamo-nos a troncos de suplício infernal, sentenciando-nos, por vezes, a séculos de peregrinação nos trilhos da dor e da morte. A mediunidade torturada não é senão o enlace de almas comprometidas em aflitivas provações, nos lances do reajuste. E, para abreviar o tormento que flagela de mil modos a consciência reencarnada ou desencarnada, quando nas grades expiatórias, é imprescindível atender à renovação mental, único meio de recuperação da harmonia.

Satisfazer-se alguém com o rótulo, em matéria religiosa, sem qualquer esforço de sublimação interior, é tão perigoso para a alma quanto deter uma designação honorífica entre os homens com menosprezo pela responsabilidade que ela impõe. Títulos de fé não constituem meras palavras, acobertando-nos deficiências e fraquezas. Expressam deveres de melhoria a que não nos será lícito fugir, sem agravo de obrigações. Em nossos círculos de trabalho, desse modo, não nos bastará o ato de crer e convencer. Ninguém é realmente espírita à altura desse nome, tão-só porque haja conseguido a cura de uma escabiose renitente, com o amparo de entidades amigas, e se decida, por isso, a aceitar a intervenção do Além-Túmulo na sua existência; e ninguém é médium, na elevada conceituação do termo, somente porque se faça órgão de comunicação entre criaturas visíveis e invisíveis.

Para conquistar a posição de trabalho a que nos destinamos, de conformidade com os princípios superiores que nos enaltecem o roteiro, é necessário concretizar-lhes a essência em nossa estrada, por intermédio do testemunho de nossa conversão ao amor santificante. Não bastará, portanto, meditar a grandeza de nosso idealismo superior. É preciso substancializar-lhe a excelsitude em nossas manifestações de cada dia. Os grandes artistas sabem colocar a centelha do gênio numa simples pincelada, num reduzido bloco de mármore ou na mais ingênua composição musical. As almas realmente convertidas ao Cristo lhe refletem a beleza nos mínimos gestos de cada hora, seja na emissão de uma frase curta, na ignorada cooperação em favor dos semelhantes ou na renúncia silenciosa que a apreciação terrestre não chega a conhecer. Nossos pensamentos geram nossos atos e nossos atos geram pensamentos nos outros. Inspiremos simpatia e elevação, nobreza e bondade, junto de nós, para que não nos falte amanhã o precioso pão da alegria. Convicção de imortalidade, sem altura de espírito que lhe corresponda, será projeção de luz no deserto. Mediação entre dois planos diferentes, sem elevação de nível moral, é estagnação na inutilidade. O pensamento é tão significativo na mediunidade, quanto o leito é importante para o rio. Ponde as águas puras sobre um leito de lama pútrida e não tereis senão a escura corrente da viciação. Indubitavelmente, divinas mensagens descerão do Céu à Terra. Entretanto, para isso, é imperioso construir canalização adequada.

Jesus espera pela formação de mensageiros humanos capazes de projetar no mundo as maravilhas do seu Reino. Para atingir esse aprimoramento ideal é imprescindível que o detentor de faculdades psíquicas não se detenha no simples intercâmbio. Ser-lhe-á indispensável a consagração de suas forças às mais altas formas de vida, buscando na educação de si mesmo e no serviço desinteressado a favor do próximo o material de pavimentação de sua própria senda. A comunhão com os orientadores do progresso espiritual do mundo, através do livro, nos enriquece de conhecimento, acentuando-nos o valor mental; e a plantação de bondade constante traz consigo a colheita de simpatia, sem a qual o celeiro da existência se reduz a furna de desespero e desânimo.

Não basta ver, ouvir ou incorporar Espíritos desencarnados, para que alguém seja conduzido à respeitabilidade. Irmãos ignorantes ou irresponsáveis enxameiam, como é natural, todos os departamentos da Terra, em vista da posição evolutiva deficitária em que ainda se encontram as coletividades do Planeta e, muita vez, sem qualquer raiz de perversidade propriamente dita, milhares de almas, despidas do envoltório denso, praticam o vampirismo junto dos encarnados invigilantes, simplesmente no intuito de prosseguirem coladas às sensações do campo físico das quais não se sentem com suficiente coragem para se desvencilharem. Toda tarefa, para crescer, exige trabalhadores que se dediquem ao crescimento, à elevação de si mesmos. Isso é demasiado claro em todos os planos da Natureza. Não há frutos na árvore nascente. A madeira não desbastada é incapaz de servir, com eficiência, ao santuário doméstico. A areia movediça não garante a sustentação. Não se faz luz na candeia sem óleo. O carro não transita com êxito onde a picareta ainda não estruturou a estrada conveniente. Como esperardes o pensamento divino, onde o pensamento humano se perde nas mais baixas cogitações da vida? Que mensageiro do Céu fará fulgir a mensagem celestial em nosso entendimento, quando o espelho de nossa alma jaz denegrido pelos mais inferiores dos interesses? Em vão buscaria a estrela retratar-se na lama de um charco. Amigos, pensemos no bem e executemo-lo. Tudo o que existe dentro da Natureza é a ideia exteriorizada. O Universo é a projeção da Mente Divina e a Terra, qual a conheceis em seu conteúdo político e social, é produto da Mente Humana. Civilizações e povos, culturas e experiências constituem formas de pensamento, através das quais evolvemos, incessantemente, para esferas mais altas. Atentemos, pois, para a obrigação de autoaperfeiçoamento. Sem compreensão e sem bondade, irmanar-nos-emos aos filhos desventurados da rebeldia."

PARTE V
REFLEXÕES

A CONSCIÊNCIA, O OBSERVADOR, A INTENÇÃO E O LIVRE-ARBÍTRIO

"O livre-arbítrio existe em nosso Córtex frontal (lobo) e podemos treinar para fazer escolhas mais inteligentes e ser conscientes das escolhas que estamos fazendo." (Candace Pert, PHD).

O principal fator que diferencia os seres humanos de todas as outras espécies é um grande lobo frontal e a proporção entre ele e o restante do cérebro.

O globo frontal é a área do cérebro que nos dá a capacidade de nos concentrarmos e nos levantarmos para uma tomada de decisão e para manter uma intenção firme. Ele nos permite recolher informações do ambiente e de nosso estoque de recordações, processá-las e chegar a decisões ou escolhas diferentes das que fizemos no passado.

No entanto, nossas escolhas e muito de nosso comportamento dificilmente são "livres", mas consistem em respostas condicionadas, apreendidas ou automatizadas.

Se estivéssemos no beco escuro e fossemos ameaçados, nossa reação teria por base uma resposta psicológica de medo, ou seja, o mecanismo corporal enviaria sinais para fugir ou ficar em luta. Um processo semelhante ocorre quando outras redes neurais disparam e produzem respostas automáticas, como reagir a alguém conhecido, acender um cigarro ou ir à geladeira quando estamos com sede.

"Essas respostas habituais, automáticas, dificilmente serão consideradas escolhas." (Joe Dispenza)

NEUROPLASTICIDADE

Assim como no filme "Feitiço do Tempo", cujo personagem é condenado a ficar preso no mesmo dia até que mude seu comportamento e se liberte daquela situação, todos nós temos essa opção. É possível quebrar essas redes neurais, mudar hábitos e ganhar a liberdade. A chave está na plasticidade neural, capacidade natural do cérebro de formar novas conexões, modificando o sistema nervoso de forma estrutural e funcional, ao longo do desenvolvimento neural ou quando sujeito a novas experiências. Isso é neuroplasticidade.

Somos preparados, projetados e construídos para evoluir em criatividade e inteligência por toda a vida, mas para tanto é preciso ter acesso à capacidade inata do cérebro, às ferramentas e à chave que abre os caminhos dessa evolução. Desenvolver efetivamente o cérebro de forma completa é experimentar a realidade holística, o estado de meditação, a dita experiência espiritual, a experiência do campo Unificado na forma do pensamento.

NOVAS REDES NEURAIS

A ciência comprovou que as emoções repetidas deixam seus registros no cérebro, e essa acumulação, essas reafirmações acabam fazendo parte da nossa maneira de agir, sentir, e também fixar impulsos automáticos. São filamentos que vão se formando no cérebro com a gravação do que aceitamos como verdade. Temos a chave ao nosso alcance e precisamos aprender a usá-la. A ciência vem trabalhando para nos trazer revelações conquistadas antes pela fé, e que agora vão se confirmando. Tudo se torna fácil se colocamos intenção e força. Hábitos e rotinas de muito tempo podem superar as anteriores. A Lei de Evolução nos cobra superação. Não mais a humanidade aceita gênios tirânicos nem obrigações no campo interno da alma.

Para que os arquivos anteriores sejam substituídos é necessário criar novas redes neurais no cérebro. Isso acontece quando sentimos alegria pelas revelações aceitas e da repetição delas vão se formando novas verdades. É como aprender a guiar automóvel, a repetição faz o resto. Apagar as crenças sem fundamento é renascer pois o homem tem plasticidade para trabalhar e moldar suas energias optando pelo seu bem-estar. Precisa simplicidade para reformular crenças menos limitadas e mais saudáveis até que outras verdades venham nos ensinar novas lições. A aceitação do processo e a procura da felicidade chega a nós em cada novo nível de nossas vidas, saindo da estagnação, e o novo degrau nos leva a uma nova consciência.

O trabalho dos que anseiam por uma vida melhor mais rica em pensamentos positivos começa por fazer substituições nos pensamentos, afirmações e vivências que foram superadas e o crescimento interno favorece a existência. Começa então o trabalho de substituir velhas crenças e de aceitar abertamente o que vem para nos enriquecer.

LIVRE-ARBÍTRIO

Nossa vida atual reflete o que escolhemos junto aos nossos mentores antes de nos encarnarmos na Terra, e objetiva aprender diariamente novas lições e corrigir erros cármicos do passado. Em existências milenares usamos energias puras de várias dimensões e as colorimos com as mais diversas expressões de sentimento e de pensamento. O acúmulo de força gerada é emanada por nossa conduta, errada ou certa, tem um caminho de volta para a Lei da Ação e Reação sempre considerando a necessidade de crescimento do emissor. Quando a energia que geramos está errada pode voltar a nos trazer dores físicas, distúrbios emocionais ou perturbações mentais. Sendo a energia positiva, traz energias igualmente edificantes que nos ajudam e nos impulsionam a seguir adiante. A lei usa dos recursos cármicos para que eles tragam ensinamentos e purificação.

Dificilmente observamos que nós próprios criamos, sem prestar atenção, sofrimento e a trama de nossas vidas foi próprio quem criou e sem prestar atenção, prefere culpar aos outros ou a Deus. Viver os problemas sem rebeldia é um recurso rápido para encontrar a solução. Optar pelo bem e pelo amor abre o coração evitando resistências e permitindo que se soltem camadas negativas que foram se aderindo aos nossos corpos. Pacientemente caminhamos em um processo libertador. Enquanto isso acontece, usamos a parte boa que todos temos para apressar os resultados. Reconhecer que fomos nós mesmos que nos colocamos em circunstâncias difíceis, como resultado de atos do passado, nos ajuda a superar e fazer com que agora trabalhemos em nosso favor. Muitos na Terra, por exemplo, usam sua profissão para saldar débitos do passado como profissionais responsáveis, éticos e dedicados, fazendo de efeitos dolorosos causas nobres. Depois de realizarmos o trabalho que nos permitirá alcançar a harmonia interior, a paz do guerreiro que soube com resignação percorrer e merecer o caminho que o trouxe de volta. A existência espera pelo nosso trabalho e cada um de nós é o artífice das conquistas que realizou visando sua própria evolução.

CONSCIÊNCIA E EXPERIÊNCIA

"Toda a matéria universal sofre a ação da gravidade. A dor faz um homem pensar, de pensamento torna o homem sábio e a sabedoria abre o caminho do céu." (Provérbio Chinês)

Em cada pessoa a consciência é formada, principalmente, por aquilo que ela tomou conhecimento através de suas experiências de vida.

O mundo exterior divide-se em três grupos:

Inconsciente - experiências do passado, inclusive aquelas que se ocultam em seu ser.

Consciente - experiências presentes.

Supra consciente - o que aspira ser.

A Consciência é uma propriedade de cada indivíduo. Ela não pode ser roubada nem destruída. Toda observação e esforço lhe pertence por toda eternidade. O homem ao longo da sua evolução é submetido as três espécies diferentes de consciência, sendo elas:

Consciência individual, através da qual o homem se reconhece como o foco inteligente de luz e com o uso das suas energias, faculdades e livre-arbítrio é capaz de organizar e dirigir seu plano de vida.

Consciência das massas, onde cada pensamento e sentimento, cada virtude e vício contribui para uma "consciência coletiva" que resulta numa qualidade específica de vida.

Consciência dos Mestres, inteligência autoconsciente que utiliza somente as faculdades criativas do pensamento, dos sentimentos e da palavra para criar intencionalmente o que é perfeito.

LIBERTAÇÃO CÁRMICA

Podemos visualizar um pêndulo realizando os seus movimentos para um lado e voltar impulsionado pela mesma força original para o lado de origem. O que ele faz tem o mesmo impulso tanto para esquerda como para direita. A Lei do Carma, chamada também Lei da Ação e Reação, funciona nesse mesmo mecanismo. Transgredimos a Lei e colocamos em movimento uma energia que volta, como pêndulo para o lado oposto, para nós, nos trazendo amor ou ódio, a mesma qualidade das ações ou emoções que projetamos. É a Lei cujos procedimentos provocam reações em ciclo fechado de ida e volta.

Ao realizar uma ação, mental, emocional ou física, movimentamos essa Lei, que no momento que logramos entender e aprender a lição, retorna, no tempo ou no espaço, com a mesma força que a originou. Na volta, em se tratando de energias positivas, trazem as mesmas qualidades para o emissor. As negativas que possamos ter emitido vem nos trazer doenças ou perturbações. Dependendo da intensidade e da persistência, as energias vão se acumulando. Se houver elevação moral do transgressor receberá os impactos cármicos com maior entendimento, assim, será o sofrimento em grau muito menor.

O ponto mais alto do pêndulo está naquilo que o sustenta, e é fixo. Ele não se movimenta. Os Santos e aqueles que voltaram ao Pai permaneceram fixos na fé que não se corrompeu, souberam lidar com amor e renúncia nos acontecimentos cármicos no íntimo de encontrar a meta final e descobrindo a perfeição.

Observemos que a nossa consciência esteja nesse ponto fixo, aceitemos a Lei sem autopiedade, com resignação, aprendendo com dia a dia e reconhecendo que Deus é sempre Amor, e que cientes de que tudo é para nosso crescimento e ascensão, que Seus caminhos nos levam a Ele, não sentiremos tanta dor. Os que compreenderam a grandeza dos seus objetivos e trilharam o caminho certo de elevação, transformaram suas emoções em pontos positivos, trabalharam a favor deles próprios e venceram os obstáculos que encontraram pela frente. Hoje, vemos inúmeros exemplos deles e seus legados registrados na história do nosso planeta.

OS PRINCÍPIOS HERMÉTICOS

O despertamento da humanidade possibilita que as mensagens dos seres superiores sejam melhor compreendidas e apreendidas. Estamos contidos na unidade de Deus-Pai e a evolução se processa dentro Dele. Tudo é regido pelas Leis do Criador. Hermes, há milhares de anos, deixou numa pedra chamada Tábua de Esmeralda as leis que regem a vida e cujo significado a minoria das pessoas puderam entender:

Os sete princípios herméticos são: o da Mentalidade, da Correspondência, da Vibração, da Polaridade, do Ritmo, da Causa e Efeito e da Geração.

Lei da Polaridade - hoje muito se fala em polaridade, palavra incomum até pouco tempo atrás. Assinala que os opostos são idênticos, o que difere um do outro são os graus de energia que eles contêm. Exemplo: doença e saúde, ódio e amor, vingança e perdão, frio e quente. Considerálos idênticos nos surpreende no começo, mas se meditarmos sobre isso, entenderemos. É possível transformar o que nos é negativo em positivo. Doença, por exemplo, com dedicação e empenho, mudamos a polaridade. Ódio, conhecendo as conquistas da alma podemos admitir que pensamentos nobres fazem a diferença. Expandir a consciência nos liberta. Como nada fica sem resolução na eternidade não convém acumular carma. A evolução depende do esforço pessoal de cada um. Amor e paz podem fazer parte da nossa vida. O amor faz de nós pessoas melhores. Se optamos pela parte negativa das coisas, atrasamos nossa evolução, criamos carma e damos força para nossa parte inferior mergulhar no vazio existencial.

Lei de Causa e Efeito - este princípio encerra a verdade de que tudo acontece num movimento de ida e volta, chamado ciclo, como uma oscilação de um pêndulo entre os dois polos. Há sempre uma ação e reação, um avanço e um retrocesso. Esta lei rege todo o universo. Os espiritualistas a conhecem bem - colhemos o que semeamos e plantamos. Nada pode anular ou impedir que este princípio opere. A Lei do Amor é a única que pode trazer misericórdia, quando optamos por merecê-la.

O princípio do Mentalismo - "O todo é mente: o universo é mental." Estamos mergulhados no Absoluto.

O princípio de Correspondência - "Assim como é no alto, é embaixo, como é embaixo é no alto". Todo o criado, o manifestado vibra imerso na divindade.

O princípio da Vibração - "Nada está imóvel: tudo tem movimento, tudo vibra". Evolui a pedra, evolui o anjo.

O princípio do Ritmo - "Tudo flui e reflui: tem período de avanço e retrocesso, tudo se move como um pêndulo". O ritmo é a compensação.

O princípio da Geração - "Tudo tem seu princípio masculino e feminino: encerra a verdade de que o gênero manifesta-se em todas as coisas, de que o princípio masculino e feminino estão sempre presentes e em plena atividade em todos os fenômenos e em cada plano da vida.

O PRINCÍPIO DA POLARIDADE

"Tudo é dual; tudo e todas as coisas manifestadas tem dois polos, dois lados, dois aspectos, seu oposto. Os semelhantes e dessemelhantes são o mesmo. O ódio e o amor são iguais... o fraco e o forte,o dia e a noite, o frio e o quente, o preto e o branco, o puro e o impuro, o bem e o mal, a felicidade e a infelicidade, a luz e as trevas... Os opostos são idênticos em natureza, diferentes só em grau. Os extremos se tocam. "Toda a verdade é meia verdade, todos os opostos podem reconciliar-se." Hermes.

Nós nos perguntamos como o amor e o ódio podem ser iguais, como a vida e a morte podem ser o mesmo. O criador, em Sua infinita compaixão, criou leis que sendo reveladas e sentidas no íntimo do nosso ser, podem nos levar de volta a Ele, se nos dispusermos conscientemente a buscar a eternidade que é nossa herança.

Fomos emanados pelo Criador, o UM, e ingressamos na duplicidade da vida. Voltar é procurar a unidade com Ele. A bondade do Pai permite que trabalhando com o amor, a sabedoria e a fé possamos mudar os polos negativos em positivos.

Só que em nossa teimosia milenar sempre queremos ter razão, os que têm pena de si mesmo, e os orgulhosos que não admitem pedir perdão, ou silenciar ante às ofensas, aceitar que estão doentes, como resultado de suas próprias ações do passado. Aos poucos a dureza de nossos conceitos vai cedendo à razão que nos diz que não adianta: temos que nos enxergar e ser sinceros com nós mesmos. E percebemos o tamanho do nosso egoísmo, apegados à matéria, impacientes, irados, cruéis.

Soltando lentamente essas camadas escuras que não nos permitem enxergar a verdade, vamos nos reformando intimamente e buscando viver de acordo com sábios e os mestres que deixaram valiosas informações no caminho de volta. Há que respeitar os que caminham suas rotas de evolução, uma vez que também queremos liberdade para fazer nossos próprios caminhos. Não é fácil reconhecer que onde há luz, mesmo que a de um fósforo, não há trevas. Onde há o amor, desaparecem as disputas e onde há bondade tem-se o perdão.

A gravidade da Terra nos seduz para o apego às leis que nos convidam a crescer na direção da Luz. No entendimento de que cada um pode fazer seu melhor, buscando a harmonia podemos superar, crescer internamente e nos movimentar paulatinamente para o outro polo.

O caminho ascendente é um convite sagrado do Criador que quer nos abrir as portas da liberdade, se formos serenos e simples. Temos a eternidade para realizar o retorno a Ele, e só faremos isso quando estivermos esgotados de tanto teimar e quisermos acelerar os passos mudando nosso ritmo. Podemos fazer o uso da sabedoria transformando doenças em saúde, tristeza em alegria, libertando-nos dos apegos que nos ferem. Aprendamos com os sábios que a morte não existe, apenas mudamos a roupagem para depois voltar à Terra e recomeçar... Esse processo de rever conceitos tão arraigados nos permite fazer nossa evolução consciente, evitando choques energéticos que nos traga sofrimento. Pessoas idosas em geral lamentam ter perdido tanto tempo dando importância à assuntos que hoje, segundo dizem, não vale nem uma lágrima. Existe sempre em nós a força necessária para nosso crescimento e evolução e, portanto, a felicidade maior do nosso Ser.

PREDISPOSIÇÃO

Cada um de nós traz para a sua vida física suas conquistas anteriores, sabedoria e predisposição em cada setor de sua vivência. Na sua preparação para encarnar cada pessoa traz alinhavado o que seria seu trabalho. Astronauta, cientista, médico, físico e técnico... Cada um fará conforme suas tendências. Quando já na Terra, ocorre o esquecimento e seguimos o impulso de cada momento. A Lei da Evolução nos impulsiona para que continuemos tentando, aperfeiçoando os conhecimentos e realizando o trabalho que queremos fazer. Os que, por facilidade, ficam passivos, não se fortalecem. Param. Mas tudo na existência caminha para ser conquistado pelo homem. O que pode nos surpreender ao se ouvir sobre relatividade, do observador mudando o movimento do átomo é o que os cientistas hoje nomeiam de incerteza. Nesse âmbito, a mediunidade, por exemplo, é valioso recurso de evolução, mas há os que ignoram que ela exista; há os que desconfiam dos médiuns e os que não sabem de suas possibilidades e potencialidades. Muito tem se escrito desde a codificação de Kardec. Dentre os variados aspectos da mediunidade, Kardec escreveu sobre visitas a outros planetas realizadas há mais de um século. Na prática, sabe-se que depende muito da sintonia e da elevação, a dimensão que se pode alcançar. Espíritos do plano astral e também do mental podem se comunicar conosco. Não há barreiras para quem persiste em alcançar planos elevadíssimos, com amor e sutileza.

O homem pode explorar o desconhecido seguindo seus impulsos. A humanidade provou essas conquistas. Confiemos na Lei que nos impulsiona para frente e sigamos, até que os retardatários despertem.

AFINIDADE

As pessoas se agrupam por afinidade. Há inúmeras razões para ficarem perto: estudos, trabalho, religião. Unem-se forças para um objetivo comum, não precisam ter os mesmos gostos na política e nem torcer pelo mesmo time esportivo. Na Terra contamos com a vida emocional, mental e energética e agimos nesses três níveis de consciência. Assim como nos comportamentos, essa é a nossa existência. A gravidade da Terra nos mantém fisicamente nela. Nossas emoções, sentimentos e pensamentos tem a ver com outras dimensões. Os que partem pela morte deixam o corpo físico, mas continuam pensando, sentindo e se comportando igual, com amores ou ódios. Quando pensamos, alcançamos outra dimensão, como também os Espíritos desencarnados pensam e suas energias se acoplam às nossas, quando há afinidade.

Nossos protetores, mentores e anjos da guarda podem nos ajudar quando nos elevamos até Eles em prece. Quando ignoramos sua presença, mas estando harmoniosos, podem nos inspirar, como ocorre em todas as áreas de nossa vida. Nas cirurgias os médicos podem estar acompanhados por médicos espirituais que os ajudam, e isso também acontece no ofício de cada um, podemos ter intuição ou sentir inspiração de Espíritos afins.

No caso de pessoas encarnadas agressivas, dominadoras, iradas, ciumentas, maldosas, negativas atraem por sintonia ou afinidade Espíritos que estão nessa mesma faixa emocional, e nessa situação essas pessoas têm aumentada consideravelmente a força da maldade, fazendo crimes, destruindo amizades, famílias...

As pessoas mais frias, mentalmente fortes, quando agem por interesse, ficam vinculadas a Espíritos iguais a elas. São dominadores e até sinistros. Agindo pelo lado positivo, as pessoas estarão fazendo uma corrente com energias elevadas com os vivos e desencarnados. Nossa aura, que é nossa proteção, quando agimos negativamente fica exposta e sensível, e desse modo os cobradores cármicos podem se aproximar e perturbar nossa paz. É necessário mudar essa frequência para ficarmos melhores e firmes, sem a influência dos obsessores ou Espíritos vingativos.

Já muito ouvimos falar que nunca estamos sós, e verdadeiramente estamos todos sintonizados no ponto mental, emocional com todos os que retêm no coração e mente os mesmos interesses que nós temos. O mesmo mecanismo acontece com o aparelho de TV, escolhemos o canal, apertamos o controle remoto e estamos nele. O Mestre Jesus nos deixou o ensinamento de "Orai e Vigiai" para não cair em tentação. Também nos disse que "quem adulterou com os seus pensamentos, já cometeu o pecado."

ETAPAS

O homem tem várias etapas de crescimento, do homem comum ao sábio. Assim também na espiritualidade, do primata ao anjo.

Inúmeras vezes a mesma alma percorre os caminhos da Terra e isso lhe permite ganhar experiências, aprender a viver fazendo escolhas com a liberdade que o livre-arbítrio possibilita. Abusos, duelos, ambições, penitências, riqueza e miséria, faz-lhe senti na pele as consequências de seus atos. Tudo fica gravado na sua memória mais profunda.

Retirar essas crostas que cobrem a sabedoria divina mergulhada no seu peito, na Centelha Divina, é trabalho milenar que com o tempo vai se tornando consciente. Conhecer-se na sua identidade divina, filho de Deus, é processo individual. O anseio de evoluir aumenta quando as pessoas se veem sufocadas por um sofrimento e contrariedades. As existências mais agradáveis ou menos dramáticas são descanso depois de vidas angustiante que seguramente lhe trouxeram muito crescimento.

O comum é pessoa se deixar levar quando não há dor, quando tudo flui a contento; na realidade de hoje, a maioria das pessoas não evolui sem tropeços. As camadas vibratórias que encobrem nosso peito, nos impedem de ouvir a consciência quando esta nos diz as coisas positivas a fazer.

Nas contrariedades, despertamos.

Na angústia, oramos.

Na perda de entes queridos, buscamos a Deus.

Na tragédia, nos curvamos sabendo que somente o Criador pode nos ajudar.

O sofrimento intenso cansa, reduz o orgulho, o amor próprio e até a ambição. Quando diminui em nós a sombra que nos impede de ver, abre-se uma nova consciência. Então, crescemos por dentro, conduzimos a nossa vida em diferente rumo, mais gentis, mais humanos, mais compassivos. Para subir mais um degrau, podemos escolher novas opções para crescer: religião, voluntariado, caridade..., sem esperar que tenham que acontecer outras contrariedades que nos lembrem de nos superarmos.

O caminho do amor e da paz pode nos ajudar a perceber em nós o que devemos mudar o que não mais combina conosco com o nosso sentir e o nosso pensar mais edificantes; e assim diluir o carma.

NO CAMINHO

Somos eternos como filhos do Pai Celestial e Criador. Atraídos por um estudo, esporte, trabalho continuamos na rotina que vai ter poucas ou muitas mudanças depois, por exemplo, de terminar a faculdade. Escolhemos,em um certo momento, nos voltar para a espiritualidade. Sentimos que conhecer as leis de Deus, aumentar a fé e a religiosidade nos traz harmonia e sustenta a nossa força.

Há pouco tempo não sabíamos o que agora aprendemos. Vivemos inumeráveis vidas acumulando experiências que nos trouxeram para o que somos hoje. E a nossa vida atual é o resultado do que experimentamos no passado e hoje, sem saber, estamos semeando para o nosso futuro. Convém mudar, fazer a reforma íntima, trabalhar pelo próximo para despertar o amor em nossos corações. Nossa superação depende do nosso esforço interno para deixar velhos hábitos e dar espaço para o novo e o melhor. Ser uma pessoa mais generosa, paciente, lúcida, sábia. Entender que as ações de hoje terão efeitos idênticos no futuro. Busquemos a Paz. Se nos renovarmos pelo amor, perdão e esfôrço autêntico poderemos, a qualquer instante, despertar a misericórdia divina para nós o que nos auxiliará nos testes que surgem em nosso caminho para que nos conheçamos melhor, abandonando assim pela renovação pessoal o que ainda carregamos de orgulho, vaidade e amor próprio. "Os mansos herdarão a Terra", disse o Mestre Jesus. Seremos testados em nossa mansidão e portanto é preciso cautela e não abandonarmos o caminho espiritual porque a decepção bateu forte. Intolerância para com os erros dos companheiros do caminho nos enfraquece. E nós também não somos perfeitos. Encontrar a verdade é um roteiro que seguimos para que ela nos faça livres dos erros, enganos e repetições de vidas vazias como a que estivemos até a vida presente.

QUEM SOMOS?

Na imensidão do cosmo parecemos pequenos seres indagando em silêncio, quem somos...Os mais ousados ou insatisfeitos saem da segurança e vão buscar. Os outros a seguem seus caminhos adormecidos. A vida espera o impulso de cada um para seu crescimento. Todas as conquistas até hoje foram feitas por ousadia ou sofrimento. O homem das cavernas foi à luta pelo instinto de sobrevivência; a necessidade foi o impulso renovado em todas as épocas, nosso mundo é produto e realização do próprio homem.

Percebemos que há imenso caminho a percorrer em busca da verdade, da saúde perfeita, da harmonia na nossa vida, do silêncio interior que traz a paz.

Conquistamos o que temos aqui na vida material, mas não sabemos quem realmente somos, nem porque somos escravos dos próprios pensamentos; tão pouco conseguimos mudar as emoções que nos assaltam. Não nos conhecemos. Até agora só olhamos o que está fora de nós.

Religiões milenares do Oriente falam da reencarnação e do carma. Cremos em Deus, o Criador, aceitamos as palavras do Mestre Jesus. Teoria sem vivência não resolve.

Assim como o homem primata obedeceu o instinto, e cresceu, também a humanidade de hoje precisa renascer, despertar, adquirir novas conquistas e se superar. Cresce a ciência na busca. O místico encontra respostas na sua fé. Demoramos para avançar na evolução porque não aceitamos a dor que nos purifica, nem abrimos o coração; a ilusão não nos deixa ver a realidade. As experiências dolorosas se repetem até que percebemos que há uma lição a aprender em cada situação, para isso devemos superar a teimosia. E a vida flui quando não opomos resistência. Nada escapa à Lei. Os que fazem o "caminho do mago" e que são capazes de fazer milagres são os que ousaram, experimentaram e cresceram.

SOMOS CRIADORES

Vivemos num mundo de energias imponderáveis, vítimas de doenças que nos despertam aos cuidados que devemos ter com a saúde. Temos a aragem vinda do mar que nos fortalece, ou forças negativas de desânimo que nos enfraquecem.

Quando decidimos trabalhar e vencer os obstáculos, nos sentimos fortalecidos. Quando estamos desarmonizados ou rebeldes, pior para nós, porque teremos que voltar ao normal trabalhando pela nossa harmonia. Rezamos, fazemos tudo para não sentirmos a tristeza. Nossa mente tem força para criar a saúde ou a doença. Fazemos isso sem perceber, podemos influenciar nossas células com sentimentos deprimentes. A autoestima equilibrada desperta em nós contentamento pela aceitação de quem somos. O entusiasmo aumenta nosso vigor. Por contraste, o medo nos aproxima daquilo que tememos e nos tira a força, nos torna presos. A morte não é mais o mistério insondável que receavam, temos elementos e provas científicas que explicam a passagem dessa dimensão para o plano astral, tão vivos como éramos na Terra.

A época atual tem a possibilidade de nos ensinar a melhor realidade para aproveitar esta existência. Despertar ao conhecimento de que somos nós os que podemos estar onde nosso foco se mantiver, e trabalhar para esse propósito. O cosmo colabora com os que decidem crescer.

Os planos inferiores ou superiores estão à disposição das mentes que por opção ou sintonia se unam a eles, com os pensamentos construídos ou destruídos. Tudo que podemos fazer pela nossa estabilidade emocional e mental é um caminho na direção da paz.

Fácil e rápido não conseguimos nosso objetivo. Devemos decidir em perseverar nesse intuito, contar com as leituras saudáveis, ouvir palavras sábias, conversar com pessoas positivas e bem-humoradas, fugir do desânimo, orar e mentalizar com afinco que " EU posso".

O HOMEM É SEU PRÓPRIO LIMITADOR

Do livro Filosofia Hermética - Imotepe

"Se ele estender as mãos e pedir, tudo lhe será dado. Ele precisa apenas aplicar o ensinamento divino para compreender que tudo é amor e beleza.

A aflição, a pobreza e a doença são consequências de pensamentos e atos do passado e aparecem para que, superando-as, possais aprender vossas lições.

Por conseguinte, é possível na vossa vida atual encontrardes Hermes representado por Saturno, o juiz justo, aquele que busca vos retém, que vos priva de êxito na vida, e que vos ajuda, assim, a conquistar o equilíbrio, a paciência e a perseverança.

Cada um de vós possui centros, chamados de chacras. Eles possuem pétalas e o vosso modo ou tipo de emoções podem abrir ou fechar uma ou outra dessas pétalas.

Quando o homem está em contato com o seu Eu Superior, este iluminará seu caminho e, seguindo-o, não mais poderá errar.

Somente quando o homem apaga a luz do iniciador - o Eu Superior - é que se acha perdido nas brumas de dúvidas e medos.

Logo, porém, que restabelece a ligação entre as mentes e do meio da ponte pode olhar impessoalmente, como um observador, para os dois lados - o superior e o inferior - ele sente a paz que ultrapassa a compreensão.

Quando o ser humano atinge o estágio de equilíbrio mental, ele pode então, começar a despertar o Kundalini ou a força adormecida na base da coluna".

Imagem oriental: "Quando o homem adquire o equilíbrio e pode, sobre a ponte, enfrentar a si próprio, então o elefante ergue a tromba e dá barridos de alegria."

À medida que vos concentrais, sobre a base da coluna, revisando sempre tudo o que recebeis durante a meditação, o primeiro chacra, ou lótus vermelho, começa a se abrir lentamente. Abre-se pétala após pétala, até que um belo lótus vermelho e ouro seja visto dos planos superiores.

Os que vigiam, sabem, então, que mais um ser humano pisou no caminho do aperfeiçoamento. Eles não mais o abandonará. Poderá por vezes sentir-se desanimado ou fraco, mas não voltará mais para trás. É nesse estágio que aparece o Mestre para vigiar sua saúde, suas condições psíquicas, e conduzi-lo ao desenvolvimento espiritual que é seu direito inato.

Devagar, Kundalini continua a subida. O fogo sagrado está aceso. O alimento celeste é experimentado. A luz, subindo, começa a nutrir o sistema nervoso.

A luz está subindo, nutrindo e vivificando o sistema nervoso, e a vossa primeira reação é impressão de calor ao vosso redor. Pode acontecer que, antes ainda, sintais uma dor nevrálgica.

Aqui tenho que fazer uma digressão para explicar que Kundalini, vivificando os centros nervosos etéricos, provoca reação dos centros físicos, criando condições nevrálgicas.

Deveis perseverar sabendo que as dores nervosas sentidas no corpo são, por assim dizer, dores do crescimento espiritual. Kundalini subindo, atinge a altura onde, no corpo físico, se encontram as glândulas supra-renais. Aí, gira de novo. Este centro quando desperto, é visto como um belíssimo lótus duplo, ou dois lótus saindo de um só ramo. Sua cor de rosa pálido, com rosa mais forte e branco no centro. Este chacra corresponde à ponte. Aqui, estando na ponte, o homem sente-se mais seguro do que nunca por haver achado seu caminho, porém, aqui também, é que ele necessita da primeira advertência, pois, até que aprenda a funcionar nos diversos planos da mente, poderá vir a ser uma das muitas vítimas da ilusão.

Os dois lótus podem ser comparados com os dois olhos, cada um, olhando em direção oposta.

O homem deve aprender os dois lados ou mundos: o de cima, onde as águas não são refletidas e o de baixo, onde o céu se reflete nas águas. Embaixo, o Eu Superior pode ser também achado em seu reflexo, mas, aqui é necessário aprender a distinguir a realidade, da ilusão.

Só quando conseguir o perfeito equilíbrio do corpo emocional - ou plano emocional da mente - é que se pode enfrentar estes dois mundos ou dois lótus, que, na realidade, são um só, pois provém do mesmo ramo.

Este estágio pode ser chamado de lugar da separação das sendas. Aqui, um psíquico pode tomar o caminho errado, tornando-se vítima de entidades astrais.

Atingindo a ponte, e antes que lhe seja permitido atravessar o primeiro portal, o homem tem que ser provado.

Ele necessitará de muita fé, compreensão e paciência. Se ele as tem, poderá apelar ao seu mestre ou instrutor e o seu caminho será iluminado.

A ponte - o lótus duplo - que no corpo físico corresponde à região dos rins é regida pelo signo de balança. Neste signo, Saturno, o juiz, o testador, o guardião dos portões da vida e da morte, torna-se um Pai justo e amável.

Continua a subida, vivifica o plexo solar, o chacra aparece como uma estrela de 12 raios irradiando em muitas direções, o plano da mente psíquica, com sua grande beleza.

Aqui também entra ela na sala de estudos e recebe sua primeira iniciação. Ele acha a paz e daqui por diante seu único desejo é o de amar a tudo e servir a todos. Ele se afirmou como filho de Deus e passou a ser um aspirante na subida.

À medida que os 12 raios da estrela começam a irradiar, vem a ele o poder de curar, de confortar e de transmitir aos outros um pouco dessa irradiação divina. Ele fica conhecido entre seus semelhantes como aquele "que se banhou em águas sagradas cuja fonte está na luz". O centro seguinte é o coração, aqui o ser humano conhece o divino influxo de sabedoria. Compreende e começa a venerar o aspecto materno de Deus. Torna-se não só homem, mas também mulher, pois os atributos dos dois sexos estão igualmente vivos nele.

Ele vê tudo em seu duplo aspecto, vê tudo como um divino par de opostos. Ele não tem mais temores. Começa a conhecer a liberdade, pois tocou o raio do homem aperfeiçoado.

Ele se tornou um iniciado da Fraternidade do Coração. Reconhece Deus em tudo o que vive. Começa a entrar em união com toda a natureza e a identificar-se com todas as suas manifestações. Então pouco a pouco, Kundalini vivifica os pulmões etéricos e abre as pétalas do centro laríngeo, fazendo do homem um inspirado, um recipiente da mente divina. Ele não se preocupa mais com opiniões da humanidade a respeito das palavras proferidas, não se preocupa com o que dizer, pois é o espírito do Pai que fala nele.

Da garganta, Kundalini começa a despertar os centros do cérebro, vivificando e purificando todo pensamento, tornando a mente crística e fazendo dela uma colaboradora das hierarquias divinas.

Quanto mais o centro cerebral ou o olho do meio é despertado, mais o homem vê o divino em tudo. Todos os planos psíquicos e espirituais, todos os planos da natureza se abrem diante dele. Ele se torna um ungido divino e coroado de luz

DEUS CONTÉM EM SI SUA CRIAÇÃO - ERA DIMENSÃO MAIOR

Nosso Espírito imortal, nossa centelha divina herança do nosso Criador contém todos os componentes dos nossos corpos e o conglomerado de registros contidos na memória.

Não podemos ver Deus na Sua Sétima Dimensão, mas podemos sentir Sua presença; Ele abraça e atrai para Si toda Vida Una. Não nos conhecemos porque o divino está em nós, no centro do coração. Sentimos Sua força, e tudo o que representa o ser humano como um todo. Essa centelha que anima cada ser está profundamente guardada, esperando que retiremos dela todos os impedimentos que não permitem que Ela se manifeste; velada pelos acúmulos do ego, nossa parte materialista.

Na fase atual da existência, os portões da sabedoria vão sendo abertos e ouvimos falar de religião, amor, caridade e carma. Há um toque de despertamento. O homem precisa encontrar Deus e a si mesmo. Muitos, esgotados na ilusão, refletem sobre a Verdade. Os materialistas desencarnados perceberam que saíram da vida desnudos, como a ela vieram.

Nos emocionamos ao ouvir sobre a vida de Francisco de Assis, sobre seu amor, sua simplicidade e nessa conexão com Ele, desejamos retirar as vestes fantasiosas e segui-lo. Há os que mergulham na religião para se identificar com algo superior a eles, encontrando contentamento, paciência e gratidão a Deus.

Outros percebem que já caminharam todos os caminhos e que agora falta somente o primordial, diminuir a importância do externo e se voltar para dentro, se conhecer para assim sentir sua própria voz dizendo: “calma... você é filho de Deus... imortal... indestrutível... eterno...”

Esse despertar da consciência é o grande chamado do Pai a seu filho que acaba de se encontrar. Os adormecidos ainda não entendem. Há uma distância importante entre eles, um que não percebe sua identidade divina, e o outro vivendo na dimensão da Luz. Estão separados por séculos, ou dimensões de consciência. O nosso sol interior velado por tantas fantasias é impedido de se projetar. A gravidade da Terra e os acúmulos da mente global sufocam a realidade de cada homem. Não somos fracos nem covardes, somos herdeiros do Pai caminhando em busca da eternidade que nos pertence.

Ouvimos dos Sábios: "o que uma pessoa pode fazer, todos tem condições para realizar." A Centelha em nosso peito espera que abramos as comportas do coração para nos permitir ser absorvidos por Sua luz e, então, fazer parte dos escolhidos.

ARQUIVOS DO TEMPO

Nossa existência de milhares de anos na Terra fala de nós, na eternidade que vivemos.

Nos arquivos Akáshicos tudo está gravado, é a memória do tempo, muitos médiuns podem ver, como num filme, todos os acontecimentos de uma vida ou de muitas.

Teremos que tomar conhecimento desse conteúdo total no momento do nosso crescimento, para depois continuar em planos mais elevados. Quando tenhamos adquirido as virtudes da simplicidade e humildade e quando a vida tenha nos ensinado pela dor ou pelo amor, a compreender os outros, tanto a ponto de nos colocarmos com amor no lugar deles; tal será nosso grau de sabedoria e conhecimento que poderemos compreender que todos realmente formamos uma unidade na existência.

Todos os que fazem parte da nossa vida tem alguma coisa para nos ensinar, seja pelo sofrimento, paciência, desavenças, dramas familiares, carinho, bondade, mansuetude, inocência, coragem, generosidade; poderíamos dizer que são nossos "instrutores". Quando nos perguntamos: "por que fulano me odeia?" Temos que nos perguntar "o que devo aprender nesta lição?"

Não conseguimos felicidade no lar, filhos problemáticos ou doentes, falta de trabalho ou indiferença com relação ao dinheiro e responsabilidade. Há os que esperam receber tudo dos outros e nada oferecem do seu coração. Também há os egoístas de todos os tipos, indiferentes para com o próximo, vaidosos, irritantes. Por vezes, passam casualmente em nossas vidas. Não é o mesmo quando trabalhamos juntos, ou compartilhamos o lar, o esporte, o lazer, convivendo uns com os outros. Quando negociamos em um trabalho, usamos todos os recursos possíveis para ter sucesso. Somos educados, sociáveis, respeitadores, pessoas agradáveis. Tudo por uma boa venda. Com pessoas desconhecidas é mais fácil e também é por pouco tempo. Não entramos em julgamento.

No cotidiano não podemos fazer o mesmo, ficaríamos muito cansados de fingir o tempo todo. Aos poucos nos revelamos com virtudes e defeitos, o que todos temos.

Existem situações em que não podemos sair do palco. Cada um está fazendo na vida o seu papel, aí é quando temos que aprender...

Uma mensagem espiritual, trazida pelo médium Chico Xavier nos disse "um tanto mais" de paciência, de generosidade, de amor, de harmonia, contentamento, afeto, gratidão e abnegação se for o caso, porque devemos treinar para ter essas virtudes, aproveitar que a existência nos exige isso para sair da vida com louvor pelas conquistas realizadas.

Em nós há um potencial infinito de possibilidades que não colocamos à nossa disposição por desconhecermos de verdade quem somos e quanto poderíamos fazer por nós e pelos outros.

O tempo é o maior tesouro a ser aproveitado; desperdiçando-o, repetirmos muitas vezes os mesmos erros, muitas vivências no materialismo, ambição, egoísmo, vaidade, orgulho e busca do poder a qualquer preço. Já vivemos em muitas épocas na história da Terra, experimentamos tudo o que nos fascinava até a exaustão. Esta existência é diferente porque sabemos que viemos com um plano a ser realizado, a nos conhecer, a crescer internamente buscando a paz, estudar e trabalhar.

Teremos que confirmar valores adquiridos em testes passageiros e também nos mais duradouros, o que vai depender do desapego ou do tipo de aprendizado.

Se é da nossa vontade estacionar em antigos' louros', tudo bem, a Lei nos permite, pois temos o livre-arbítrio.

Na contabilidade Divina há a contagem do tempo, e se demoramos demasiadamente pode haver interferência. Ela acontece quando abusamos das distrações da Terra. Existem épocas de ajustes, difícil saber quando e como isso acontece. Sigamos as revelações da consciência se quisermos progredir: voltar ao Pai é o grande chamamento.

RESSOAM NO TEMPO

Ressoam no tempo as palavras de sabedoria deixadas pelos que fizeram suas caminhadas na Terra bem antes de nós. Esgotadas todas as ilusões que nos gravitam para o passado, optamos por descobrir o que mais a existência pode nos oferecer. Como o Todo nos impulsiona para o movimento, um dia saímos da estagnação, principalmente quando forças opostas nos tiram dela. Sempre queremos ficar longe da dor, da humilhação, do desconforto e da morte. São justamente essas ferramentas de evolução que nos alavancam e nos tiram da passividade. Não queremos sofrer... E a busca por libertação começa. Nessa situação sabemos que nos favorece parar e começar a grande descoberta. Está em cada um o caminho da alegria, da paz, e para alcançá-las se faz necessário ir ao encontro de nós mesmos, descobrir nossa força latente que espera por abrir a senda que nos leva a nossa realidade.

Não conhecemos a nossa identidade eterna. Os outros poderão saber mais de nós do que nós mesmos porque eles também olham para o externo. Ignoramos verdades sublimes do Criador, suas leis que comandam nossa existência sem fim. Não sabíamos da reencarnação, como de tantas verdades que ainda percorrendo os roteiros da vida o homem irá debelar. Somos como crianças culpando os outros pelos erros cometidos, incapazes de olhar a realidade ou encará-la. A Lei da Evolução leva as criaturas desde o primata até o anjo sem julgar. Nós julgamos, ainda! Intrinsecamente ao homem está a vida, o caminho e a força para percorrê-lo no intuito de voltar. Somos emanação do Seu amor, desde a saída. O Criador nos pensa voltando...

Tudo isso tem um nome: Lei da Evolução.

BIBLIOGRAFIA

ALLAN KARDEC	A Gênese
ALLAN KARDEC	O Livro dos Espíritos
ALLAN KARDEC	O Livro dos Médiuns
ALLAN KARDEC	Obras Póstumas
ALLAN KARDEC	Revista Espírita: A Vida Extra Terrestre
ALLAN KARDEC	O Evangelho Segundo O Espiritismo
FRANCISCO C. XAVIER	Programa Pinga Fogo no ano 1971 TV Tupi
FRANCISCO C. XAVIER	Emmanuel. A Caminho Da Luz
FRANCISCO C. XAVIER	Emmanuel: Renuncia
FRANCISCO C. XAVIER	Emmanuel: A caminho da Luz
FRANCISCO C. XAVIER	Emmanuel: O Consolador
FRANCISCO C. XAVIER	Emmanuel: Justiça Divina
FRANCISCO C. XAVIER	André Luiz: Evolução em Dois Mundos
FRANCISCO C. XAVIER	Maria João de Deus: Diário de Uma Morta
EDGARD ARMOND	Desenvolvimento Mediúnico Prático
EDGARD ARMOND	Passes e Radiações
EDGARD ARMOND	Mediunidade
FRATERNIDADE BRANCA	Haja Luz
LEADBITHER	Os Chacras
LEADBITHER	A Aura
K. BARKEL	A Filosofia Hermética
POWELL	O Corpo Astral
POWELL	O Corpo Mental
POWELL	O Duplo Etérico e A Aura
HERMES	O Caibalion
GERALDO LEMOS	Broward Spiritist Society
GERALDO LEMOS	Entrevistas múltiplas nas redes sobre vida em outros planetas

Aliança

História Espiritual da Humanidade

Os Exilados da Capela
Edgard Armond
16x23 cm | 192 Pág.

A formação e evolução das raças no planeta Terra. Obra extraordinária que cuida das grandes indagações dos homens acerca do início da humanidade.

Na Cortina do Tempo
Edgard Armond
14x21 cm | 128 Pág.

Sobreviventes salvos da Atlântida preservam seus conhecimentos destinados à posteridade.

Almas Afins
Edgard Armond
16X23 cm | 128 Pág.

A trajetória de Espíritos afins desde a submersa Lemúria até os dias atuais.

Aliança

Publicações Aliança

Métdos Espíritas de Cura

O funcionamento da mente
e repercursões espirituais
As cores da Alma.

Desenvolvimento Mediúnico

Um roteiro perfeito para
o bom funcionamento
da mediunidade.

Mediunidade

Seus aspectos
desenvolvimento e utilização.

Passes e Radiações

Iniciação Espírita
Métodos de cura
e tratamento espiritual.

Prática Mediúnica

Levantamentos sobre a
realidade da prática mediúnica
e melhores direcionamentos.

Assistência Espíritual e Mediunidade

Obra tem como foco principal as
atividades adotadas pelos centros
espíritas que adotam os programas da
Aliança Espírita Evangélica.

Aliança

Temas Doutrinários e Evangélicos

Na Semeadura I

Temas doutrinários abortados
com objetivo e clareza.
da mediunidade.

Na Semeadura II

Temas doutrinários abortados
com objetivo e clareza.
da mediunidade.

Lendo e Aprendendo

Mais temas doutrinários
com índice remissivo.

Verdades e Conceitos I

Ideal da Aliança em
importantes resoluções
históricas.

Verdades e Conceitos II

Ideal da Aliança em
importantes resoluções
históricas.

O Redentor

Vida, obra e ensinamentos
do mestre da Galileia.

Aliança

Publicações Aliança

Religiões e Filosofias

Estudo comparado entre as religiões e filosofias de ontem e de hoje.

Livre-Arbítrio

O livre-arbítrio e a evolução do espirito são aqui dissecados na lógica espírita.

Salmos

Enaltecimento à evolução e à reforma íntima pelo Evangelho.

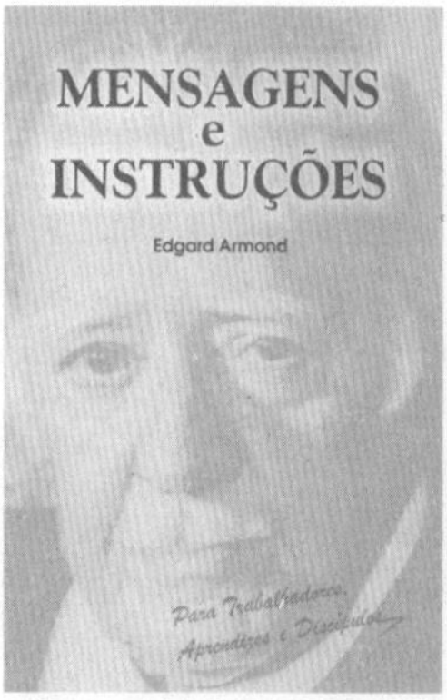

Mensagens e Instruções

Importantes mensagens de Edgard Armond aos trabalhadores Espíritas.

O Espiritismo e a Próxima Renovação

Coletânea de estudos doutrinários temas diversos.

Cometários Evangélicos

Comentários evangélicos pelo dr. Bezerra de Menezes.